北京大学政府和社会资本合作（PPP）研究中心 著

PPP模式支持
脱贫减贫的探索

图书在版编目(CIP)数据

PPP 模式支持脱贫减贫的探索/北京大学政府和社会资本合作（PPP）研究中心著.—北京：北京大学出版社，2020.5
ISBN 978-7-301-30937-7

Ⅰ.①P… Ⅱ.①北… Ⅲ.①政府投资—合作—社会资本—研究—中国 ②扶贫—研究—中国 Ⅳ.①F832.48 ②F124.7 ③F126

中国版本图书馆 CIP 数据核字(2019)第 267927 号

书　　　名	PPP 模式支持脱贫减贫的探索 PPP MOSHI ZHICHI TUOPIN JIANPIN DE TANSUO
著作责任者	北京大学政府和社会资本合作（PPP）研究中心　著
责任编辑	兰　慧
标准书号	ISBN 978-7-301-30937-7
出版发行	北京大学出版社
地　　　址	北京市海淀区成府路 205 号　100871
网　　　址	http：//www.pup.cn
微信公众号	北京大学经管书苑（pupembook）
电子信箱	em@pup.cn　　QQ：552063295
新浪微博	@北京大学出版社　@北京大学出版社经管图书
电　　　话	邮购部 010-62752015　发行部 010-62750672 编辑部 010-62752926
印　刷　者	天津中印联印务有限公司
经　销　者	新华书店
	787 毫米×1092 毫米　16 开本　9 印张　121 千字 2020 年 5 月第 1 版　　2020 年 5 月第 1 次印刷
定　　　价	28.00 元

未经许可，不得以任何方式复制或抄袭本书之部分或全部内容。
版权所有，侵权必究
举报电话：010-62752024　电子信箱：fd@pup.pku.edu.cn
图书如有印装质量问题，请与出版部联系，电话：010-62756370

编委名单

主　　编：孙祁祥

执行主编：邓　冰

编　　委：孙祁祥　邓　冰　夏颖哲　张　汉
　　　　　　雷　辉　郑　元

编 写 组：李博雅　张　戈　张继峰　张　峰
　　　　　　朱子聃　杨　涛　刘素池　李智欣

前　言

消除贫困、改善民生，是政府和社会资本合作（PPP）改革提升人民获得感的重要体现。如何借助引资、引智和引制相结合的多元形式，在借鉴国际良好经验并总结国内发展现状的基础上，以 PPP 模式助力打赢脱贫攻坚战，是促进减贫发展、精准扶贫脱贫、探索 PPP 推动国内外脱贫减贫的重要机制，有利于进一步发挥 PPP 改革促进国家治理体系和治理能力现代化的作用，让改革成果惠及更多人民。

根据党中央的战略部署，到 2020 年，脱贫攻坚是举全党全国之力所必须完成的任务，减贫发展更是未来很长一段时间内人类将面临的艰难挑战。为了系统地研究传统扶贫模式暴露的诸多问题、深入分析 PPP 模式对于脱贫减贫的机理和逻辑，由国务院扶贫办指导，财政部政府和社会资本合作中心、北京大学政府和社会资本合作（PPP）研究中心、联合国开发计划署（UNDP）编写，北京大学贫困地区发展研究院、湖南大学、北京方程财达咨询有限公司、北京云天新峰投资管理中心等单位支持，共同完成课题编写，试图探索建立 PPP 与脱贫减贫之间理论和实践的桥梁，为 PPP 在脱贫减贫领域的应用和探索提供可借鉴参考的素材，提升 PPP 模式在中国的发展空间。

Preface

Poverty eradication and people's livelihood improvement are decisive reflections of Public-Private Partnerships (PPP) Reform to elevate people's sense of gain. How to make use of the multi-forms of attracting capital, and bringing in wisdom and mechanisms on the basis of learning from valuable international experiences and weighing the current domestic development actuality, and with the aid of PPP to help win the battle against poverty and technical difficulties serves as a critical mechanism to promote the development of poverty reduction, targeted poverty alleviation and eradication, and explore PPP in facilitation of poverty reduction and eradication both at home and abroad, which is conducive to further playing the role of PPP reform in promoting modernization of national governance system and capability, and hence enabling the reform fruits to benefit more people.

According to the Party Central Committee's strategic plan, by 2020 poverty eradication will be a great task that must be completed in concerted efforts of the whole party and nation. Poverty reduction development will be an even more tough challenge that mankind will face for a long time to come. In order to systematically study the manifold problems of traditional poverty alleviation model and deeply analyze the underlying mechanism and logic of PPP model in poverty alleviation, under the guidance of the State Council Leading Group Office of Poverty Alleviation and Development and with the support of the Institute on Poverty Research at Peking University, Hunan University, Beijing Fortune Consulting Limited Corporation and Beijing Yuntian Xinfeng Investment Management Center, etc. the PPP Center of Ministry of Finance, PPP Research Center of Peking University and United Nations Development Programme (UNDP) jointly completed the compilation of the subject in hope of establishing a theoretical and practical bridge between PPP and poverty alleviation to provide reference materials for the application and exploration of PPP in poverty alleviation, and to enhance the development space of PPP model in China.

摘 要

从理论的角度看,贫困分为绝对贫困和相对贫困。改善当前绝对贫困人口的生活和发展现状,使贫困人口有机会享有优质的公共产品和服务,有利于提高全社会总福利。本书从政府失灵和市场失灵两个问题入手,探索了政府与私人企业合作制度(如PPP模式)等改革举措对于扶贫的作用和机理。

从实践的角度看,本书系统地回顾了1978—1985年以"体制改革"消除普遍贫困,1986—2000年由救济式扶贫向开发式扶贫转变,2001—2010年由"以县为单位开发式帮扶"到"整村推进的综合性扶贫",2011年至今的片区攻坚和精准扶贫等历程。研究发现,新时代扶贫工作的内涵与基于"同质性假设"的传统扶贫方式有着巨大差异。基于贫困原因的复杂性和差异性,现阶段的扶贫工作要求每一份扶贫资源都要精准配置、每一份扶贫资源都要产生对应的扶贫成效,以最大化扶贫资源的使用效率。

本书认为,将政府职能转变与精准扶贫绩效提升机制有效结合,是推动当前扶贫工作高效有序进行的关键之一。在扶贫领域引入各方力量并积极探索相互之间有效的合作模式是激发社会潜能的关键所在,积极引导、利用社会资源参与是当下扶贫开发的大势所趋。PPP的核心要素与扶贫工作的内涵具有很强的一致性,能很好地实现政府、企业和贫困群体的三赢。

对于 PPP 支持脱贫减贫的一些核心问题，本书深入细致地进行了分析和探讨。针对当前扶贫 PPP 项目吸引力低、风险高的问题，需要完善制度建设，更好地发挥政府作用，衔接政府、市场和社会三方资源，建立和完善项目参与各方之间的利益约束机制，强化精准扶贫、产业扶贫；针对绩效考核机制与贫困地区特征不匹配、金融"不下乡"问题，需要强化对 PPP 扶贫项目全生命周期的绩效研究，落实精准导向，科学制定差异化金融政策，设定契合贫困地区特征的绩效指标。

基于我国贫困的发生形态与扶贫目标的变化，本书认为，现阶段脱贫减贫工作要从多维的角度评价贫困，精准地识别贫困群体的贫困现状，深入分析造成贫困的原因，对症下药、分类施政，提高扶贫资金的使用效率。完成对贫困原因的识别，最终还要落实在对贫困地区 PPP 项目的整理规划设计上。本书结合"五个一批"精准扶贫战略，通过分析目前我国 14 个集中连片特困地区发展生产、易地扶贫搬迁、生态补偿、发展教育、社会保障兜底等五个方面的代表性 PPP 项目，使 PPP 模式可以更多地介入到今后的脱贫减贫工作中，服务国家战略，进一步发挥 PPP 改革促进国家治理体系和治理能力现代化的作用。

Abstract

Theoretically, poverty is divided into absolute poverty and relative poverty. Improving the current living and development situation of the absolute poor and giving them the opportunity to enjoy high-quality public goods and services are conducive to improving the overall welfare of the whole society. Starting from these two issues as government failure and market failure, this report tries to explore the effect and mechanism of reform measures including the cooperation system between government and private enterprises (e. g. PPP model) on poverty alleviation.

Practically, this report systematically reviews among others, the process of eliminating widespread poverty through "system reform" during 1978–1985, the transformation from relief-based poverty alleviation to development-based poverty alleviation during 1986–2000, the transition from " county-based development assistance" to "integrated poverty alleviation carried forward in the whole village" during 2001–2010 and the current " area poverty eradication as well as targeted poverty alleviation" since 2011. The study found a huge difference between the connotation of poverty alleviation work in the new era and the " homogeneity hypothesis" based traditional poverty alleviation method. Due to the complexity and diversity of poverty causes, the poverty alleviation work at this stage requires that every poverty alleviation resource should be accurately allocated, and every poverty alleviation resource should produce corresponding effect on poverty alleviation so as to maximize its use efficiency.

This report insists that whether the government functional transformation can be effectively combined with the improvement mechanism of the targeted poverty alleviation performance is one of the keys to promote the efficient and orderly progress of current poverty alleviation work. Introduction of forces of all sides in poverty alleviation and an active exploration of effective cooperation modes between them are deemed as a key importance to develop social potential. Besides, it is the general trend of current poverty alleviation development to actively guide and utilize social resources to participate in poverty alleviation development. The core elements of PPP and the connotation of poverty alleviation work are especially consistent, which can well realize a triple win among government, enterprises and the poor population.

This report makes an in-depth, careful analysis and discussion on some core issues of PPP supporting for poverty alleviation. Solving the issues of current poverty alleviation PPP projects as low attraction and high risks entails perfect system construction that allows the government to better play its role, and coordinates the resources of government, market and the society, establishment and improvement of the interest constraint mechanism among all parties involved in the project, and reinforcement of the targeted as well as the industrial poverty alleviation; as for the mismatch between performance appraisal mechanism and the characteristics of poor areas and the issue of finance "not implemented in countryside", it is necessary to strengthen the performance research on the whole life cycle of PPP poverty alleviation project, actualization of target orientation, scientific formulation of differentiated financial policies, and setting performance indicators that accord with the characteristics of poor areas.

Abstract

With the changes in the occurrence pattern of poverty and the goals of poverty alleviation in our country, this report believes that in terms of poverty alleviation work at this stage, we should evaluate poverty from a multi-dimensional perspective, get a clear understanding of the poverty status of poor groups, carefully analyze the causes of poverty, find specific ways to solve problems and administrate discriminately to enhance the use efficiency of poverty alleviation funds. The completion of pinpointing poverty causes will ultimately rely on the planning and design of PPP projects in poverty-stricken areas. In combination of the targeted poverty alleviation strategy of "Five Batches" (that is, a batch of poverty eradication through production, a batch of poverty eradication through relocation, a batch of poverty eradication through eco-compensation, a batch of poverty through education development and a batch of poverty through social security.) and by an analysis of the five aspects of the current representative PPP projects in 14 contiguous destitute areas as production improvement, relocation, eco-compensation, education development and social security coverage, this report tries to make PPP model more involved in future poverty eradication and reduction, serve national strategy and further play its role in reform and promoting the modernization of national governance system and capability.

目录 contents

第1章 导论 ·· 001
  1.1 研究背景 ·· 001
  1.2 研究意义 ·· 004

第2章 相关概念的界定与基础理论 ······································ 006
  2.1 贫困的概念 ·· 006
  2.2 PPP 的概念 ··· 017
  2.3 PPP 模式参与脱贫减贫的理论基础 ··························· 023

第3章 PPP 模式支持脱贫减贫的意义 ································· 028
  3.1 我国扶贫的历史进程 ··· 028
  3.2 我国贫困现状与成因分析 ·· 040
  3.3 服务国家整体战略布局的重要意义 ··························· 050
  3.4 促进体制机制改革的积极意义 ································· 054
  3.5 实现我国脱贫攻坚目标的有效工具 ··························· 059

第4章 PPP 支持脱贫减贫中的核心问题 ····························· 065
  4.1 扶贫 PPP 项目吸引力低的问题 ································ 065

4.2 贫困地区PPP项目风险问题 …………………………………… 069
4.3 绩效考核机制与贫困地区特征不匹配问题 ………………… 073
4.4 如何提高扶贫PPP项目的金融支持 …………………………… 082
4.5 返贫问题 ……………………………………………………… 091

第5章 PPP模式支持脱贫减贫的应用 …………………………… 096
5.1 区域多维贫困评价体系的探索 ……………………………… 096
5.2 PPP模式在"五个一批"精准扶贫战略中的应用和发展 … 098

第6章 政策建议 …………………………………………………… 119
6.1 宏观治理层面 ………………………………………………… 119
6.2 中观机制层面 ………………………………………………… 121
6.3 微观项目层面 ………………………………………………… 123

参考文献 ……………………………………………………………… 125

后　　记 ……………………………………………………………… 129

第1章 导　论

1.1 研究背景

贫困现象和人类社会相伴而生。直到今天，虽然全球经济有了根本性发展，但贫困现象仍然存在。它不仅是一个经济问题，也是引起各种矛盾乃至冲突的内涵复杂的社会问题。在世界进入工业化以前及工业化初期，世界各国的贫困问题表现为人们缺乏维持基本生活的物质条件，温饱难以保障，健康状况恶劣。其时的贫困可以称为绝对贫困，主要是由于生产力低下造成的。随着人类社会不断进步，世界经济迅速发展，贫困虽一直存在，但其内涵却发生了根本变化，随之也产生了"相对贫困"的概念。

顾名思义，如果绝对贫困是一个绝对值的话，相对贫困就是一个相对值。生活水平低于绝对贫困线的穷人们无法维持基本的温饱与健康状况；而处于相对贫困状态的人们，大多数并不缺乏维持基本生活的物质条件，只是与相对富裕群体相比，在日常生活和经济活动等方面的差距较为明显。例如在发达国家，需要解决温饱、健康问题的贫困人口很少，只占总人口的1%—2%；然而占总人口5%—20%的边缘人群是贫困群体的主要组成部分，如失业者或单亲家庭中的儿童等，这些人的基本需求能够得到满足，但他们在拥有许多商品和服务方面被边缘化。

与发达国家不同，我国的贫困问题较为复杂。① 中华人民共和国成立后的一段时间里，我国不仅是世界上最贫穷的国家之一，而且是世界绝对贫困人口最多的国家。按当年价的现行农村贫困标准衡量，1978年我国农村居民贫困发生率为97.5%，农村贫困人口规模为7.7亿人，维持人民基本温饱曾是政府的首要任务。但随着经济发展、生产力提升，我国在减少贫困人口方面取得了巨大的成就。

和经济增长类似，我国在减贫上的成绩也是连续性的。虽然我国逐年提高了官方贫困标准，但每年贫困人口减少的数量都在千万以上。尤其是党的十八大以来，脱贫攻坚取得决定性进展，贫困人口减少6800多万人，易地扶贫搬迁830万人，贫困发生率由10.2%下降到3.1%。习近平总书记在庆祝改革开放40周年大会上的讲话指出，改革开放40年来，我国贫困人口累计减少7.4亿人，贫困发生率下降94.4个百分点②，谱写了人类反贫困史上的辉煌篇章；未来2年，还将有4000万人脱贫。这也标志着中国将用42年（1978—2020）左右的时间，将世界最大的贫困人口社会转变为世界最大规模的小康社会。到2020年，中国将在发展中国家率先消除绝对贫困。

随着人民基本生活需求的内涵不断扩大，以及我国长期以来的经济发展不平衡，导致城乡、区域差距巨大，贫困的相对性特征开始显现。不容忽视的是，这种由贫富差距产生的相对贫困日益成为贫困问题的主要挑战。相对主流生活水平而言的贫困，相对贫困主要源于两方面：一方面是由于社会经济发展、贫困线不断提高而产生的贫困，另一方面是由于不同地区之间获取生产要素的差异、不同阶层之间财富分配的差别而产生的贫困。消除相对贫困是非常困难的。可以预见，我国在未来几年内的工作重点将会逐渐从消除绝对贫困转移到治理相对贫困上来，通过注重缓解相对

---

① 由于数据统计口径的原因，本书中中国的数据统计范围仅包括中国内地（大陆），不包括中国香港地区、澳门地区和台湾地区。
② 我国2011年确定按当年价的现行农村贫困标准衡量。

贫困，不断提升十九大报告提出的乡村振兴战略等部署实施的速度和效果。

我国真正严格意义上的扶贫，是在提出改革开放后在改革开放进程中逐步明确的，也是在此期间进行了大规模实施。我国先后经历了改革开放初期的制度性变革推动扶贫阶段、20世纪80年代初开始的以"三农"问题为主线的政府主导型大规模开发式扶贫阶段、重点解决农村贫困人口的温饱问题的八七扶贫攻坚阶段、目前的全面建设小康社会时期的扶贫开发阶段。从一定意义上来说，我国扶贫开发的过程是不断追求贫困治理效率改进的过程：从提供物质救助的救助式扶贫到强调扶贫对象发展能力的开发式扶贫，到强调扶贫对象自身融入的参与式扶贫，再到目前强调精确识别、精确帮扶、精确管理的精准扶贫。

党的十九大报告提出，全面建成小康社会决胜期要"突出抓重点、补短板、强弱项，特别是要坚决打好防范化解重大风险、精准脱贫、污染防治的攻坚战，使全面建成小康社会得到人民认可、经得起历史检验"。农村绝对贫困是我国精准扶贫工作的重中之重。党的十九大报告还提出了实施乡村振兴战略，意在更好地解决农村发展不充分、城乡发展不平衡等重大问题。这不仅凸显了乡村在国家现代化建设中的重要价值，而且意味着乡村建设将成为今后一段时期内国家现代化建设的重点，也契合我国贫困形势从绝对贫困到相对贫困的转变。

新时代，随着我国扶贫工作进入攻坚阶段、乡村振兴上升为国家发展战略，同时随着我国经济的发展、政府职能的转变，以政府为单一扶贫主体的扶贫模式，已经难以适应新形式的需要，这一模式亟须改变。从扶贫的本质来看，扶贫从根本上是要解决贫困地区的经济社会发展能力问题。市场是有效率的资源配置手段，然而政府也必须在发展过程中积极发挥重要的沟通协调、提供基础设施和其他公共服务改进以及补偿其外部性等作用，以促进产业升级。此外，打赢脱贫攻坚战、实施乡村振兴战略是解决我国社会发展不平衡、不充分问题的重要抓手。相关工作的开展要坚持社会主义市场经济的改革方向，即在工作中要处理好政府和市场的关系，使市场在资源配置中起决定性作用,政府更好地发挥作用,争取用最少的扶贫资源实现最大的扶贫绩效,提升贫困治理效率,使"产业兴旺、生态宜居、乡风文明、治理有效、生活富裕"的要求落到实处。

国际经验和我国的实践表明,政府和社会资本合作(Public-Private Partnership,PPP)是符合新时代需求的重要改革创新。PPP自20世纪首先在英国以私人投资计划(Private Finance Initiative,PFI)的方式出现以后,陆续在许多发达国家得到广泛应用。之后,经联合国、世界银行等国际组织的大力推广,以中国为首的许多发展中国家也纷纷开始实践PPP。在我国,自党的十八大以来,党中央在整个公共服务领域全面推进了以PPP为中心的改革。实践证明,PPP是一项公共服务供给市场化、社会化的综合性改革,是发挥市场在资源配置中的决定性作用和更好地发挥政府作用的枢纽,具有推进国家治理体系和治理能力现代化的功能,是化解现阶段社会主要矛盾的重要机制。

2015年11月中共中央、国务院发布的《中共中央国务院关于打赢脱贫攻坚战的决定》、2016年12月国务院发布的《"十三五"脱贫攻坚规划》(国发〔2016〕64号)、2017年3月财政部发布的《中央财政专项扶贫资金管理办法》(财农〔2011〕412号)等一系列顶层文件,均提出要发挥政府投入主导作用,广泛动员社会资源,运用PPP模式参与脱贫攻坚。2018年1月发布的《中共中央 国务院关于实施乡村振兴战略的意见》(中发〔2018〕1号)也提出要充分发挥财政资金的引导作用,撬动金融和社会资本更多地投向乡村振兴。我国政府试图通过一系列顶层设计,促使有效政府与有效市场的结合,从而推动政府职能的善治转向、激发社会资本活力、提高资源的配置效率。

1.2 研究意义

本书旨在总结和探索PPP模式助力减贫发展、实现乡村振兴的重要经验和实施路径，挖掘问题并提出对策建议，进一步发挥PPP改革促进国家治理体系和治理能力现代化的作用，让改革成果惠及更多人民。一方面，本书能够为我国扶贫领域主管部门、实践部门、社会参与者、科研机构等提供新的视角，以PPP模式助发展的思路进一步开展扶贫实践，鼓励创新性的扶贫模式，以提高其长期的可持续性，为政策制定与调整提供理论依据，为更有效地开展扶贫工作提供启示；另一方面，总结中国应用PPP模式扶贫的经验，有利于促进国际减贫领域的交流，为实现联合国可持续发展目标贡献有用的中国经验。

第 2 章 相关概念的界定与基础理论

2.1 贫困的概念

2.1.1 贫困的内涵

从经济学的角度出发,贫困的根本含义是贫乏。根据福利经济学第一定理,在任意初始资源分配状态下,竞争市场都可以达到资源配置的帕累托最优状态,即资源配置的最高效率。但较高的经济效率并不意味着平等,这是随着经济社会的高速发展,一部分人在配置资源的过程中成为富有者,而另一部分人成为贫乏者的原因。这里的资源,是指生产生活所必需的一切要素,包括土地、资本、劳动力、技术、信息等。对于初始资源原本就匮乏的一部分人而言,他们很大概率会在不断的资源再配置过程中被边缘化,进而导致自身生产生活中创造财富的能力不足,更有甚者,会彻底失去改变贫困状态的机会。

可以说,贫困现象和人类社会相伴而生。人类社会经过几千年的发展,不同阶段对于贫困的理解也有所不同。早期人类在一定的社会生产方式下,由于生产力低下,连基本的温饱和健康水平都难以维持。从满足人类生存需求的意义上来讲,不能维持繁衍生息的最低标准就是贫困。随着经济的发展、生产力的大幅提升,温饱与健康已不再是大多数群体所要担心的问题,此时的贫困问题可能还会融入社会、文化、环境等方面的因素,比如文化教育状况、医疗卫生状况、生活环境状况、人口预期寿命等。

进入20世纪,经济学家、社会学家逐渐展开了对贫困问题的理论研究,并对上述问题形成了系统性的归纳。1901年,本杰明·S.朗特里(Benjamin S. Rowntree)在其代表作《贫困:对城市生活的研究》(Poverty: A Study of Town Life)中就提出:"如果一个家庭的总收入不足以维持家庭人口最基本的生存活动要求,那么,这个家庭就基本上陷入了贫困之中。"早期的贫困定义将视野局限于物质生活,这也为以后确定贫困线奠定了理论基础。由此衍生而来的收入贫困是使用最广泛的贫困定义和衡量尺度,它是指个人或家庭没有足够的收入和消费来满足其基本需要,缺乏最基本的物质生活来源,其生存标准低于某一底线。约翰·狄克逊(John Dixon)和大卫·马卡罗夫(David Macarov)在《贫困:持续的全球现实》(Poverty: A Persistent Global Reality)一书中提出,生存标准是指用于满足最少单位卡路里的食品需求量、最低数量的消费品,抑或个人福利水平或者基本生活所需的生活资料。世界银行用每人每天的绝对收入低于1.90美元来定义贫困。[①] UNDP将贫困分为赤贫(指缺少满足基本生活所需的收入)和综合贫困(指缺少收入以满足食物及非食物需求)。

此后,随着贫困研究日趋深入,关于贫困的定义越来越多,更多的社会学家开始认识到贫困不仅是经济问题,造成贫困的原因还有社会和个人等多方面的因素,他们对贫困问题的研究也发生了跨学科演进。

到了20世纪80年代后期,欧共体(European Community)给贫困下的定义是:"贫困应该被理解为个人、家庭和群体的资源——包括物质的、文化的和社会的——如此有限,以至于他们被排除在他们所处的国家可以接受的最低限度的生活方式之外。"诺贝尔经济学奖获得者阿玛蒂亚·森

---

① 世界银行于2015年10月4日宣布,按照购买力平价计算,将国际贫困线标准从此前的每人每天的1.25美元上调至1.90美元。

(Amartya Sen)认为,贫困是指对人类基本能力和权利的剥夺,而不仅是收入缺乏,并在其著名的社会经济著作《商品与能力》(Commodities and Capabilities)中提出了"人类剥夺评论"的概念。他认为收入贫困和基本需求贫困只考虑了人类物质福利方面的需求,而忽略了与人类社会属性相关的其他非物质需求。英国学者奥本海姆(Oppenheim)在《贫困的真相》(Poverty: The Facts)一书中,给贫困所下的定义是:"贫困是指物质上、社会上和情感上的匮乏。它意味着在食物、保暖和衣着方面的开支少于平均水平。……贫困夺去了人们建立未来大厦——'你的生存机会'的工具。它悄悄地夺去了人们享受生命不受侵害、有体面的教育、有安全的住宅和长时间的退休生活的机会。"按照他们的理论,产生了"能力贫困"与"权利贫困"的概念。

按照能力贫困的观点,人们之所以贫困,是因为他们难以借助现代教育、信息扩散、知识外溢、社会资本积累等效应来提高自身的经济能力,以至于人力资本含量、知识与技能水平极低,在发掘经济机会、参与经济政策决策、增加对自身的投资、应对不确定性和风险、从创新活动中获利、分享经济增长的成果等方面无能为力。[1] 能力贫困概念的关键在于哪些能力是必需的以及如何衡量这些能力。[2] UNDP 的《2019年人类发展报告》(Human Development Report 2019)用识字率、营养状况、预期寿命、贫困母亲健康以及可预防疾病来度量这些基本能力,从而从能力的维度定义了贫穷。

UNDP 的《1997年人类发展报告》(Human Development Report 1997)中提出,权利贫困是指个体缺少本应享有的公民权、政治权、文化权和基本的人权。权利贫困表现为个人或家庭由于受到剥夺和社会排斥,在社会

---

[1] Wagle, U., "Rethinking Poverty: Definition and Measurement", *International Social Science Journal*, 2002, 54 (171): 155-165.

[2] Comim, F., "Poverty Reduction through Microfinance: A Capability Perspective", In: Balkenhol B. (eds) *Microfinance and Public Policy*, International Labour Organization (ILO) Century Series. London: Palgrave Macmillan, 2007.

中处于弱势地位。从剥夺的角度，权利贫困表现为对部分人群政治、经济、社会和文化权利的限制和歧视。[1] 制度性的权利贫困体现为贫困群体在政府政策选择和利益分配机制调整中日益被边缘化，不断地被排斥出主流社会，他们缺少参与机会、缺少利益诉求机制和途径。[2] 从社会排斥的角度来看，贫困是个人、家庭和群体因为缺乏社会资本（物质资本、人力资本和社会资本），以至于被排除在社会群体可以接受的最低限度的生活方式之外。[3] 社会排斥主要用于识别那些被排斥在福利制度之外的人，以及不能参与到社会和经济活动中的人。[4] 一个人如果被排斥在主流经济、政治以及文化的活动之外，那么即便他拥有足够的收入、能力，也依然处于权利贫困的状态。[5]

美国人类学家奥斯卡·刘易斯（Oscar Lewis）在《五个家庭：墨西哥贫穷文化案例研究》（*Five Families: Mexican Case Studies in the Culture of Poverty*）一书中提出了"贫困文化"的概念。他认为贫困文化表现为人们有一种强烈的宿命感、无助感和自卑感；他们目光短浅，没有远见卓识；他们视野狭窄，不能在广泛的社会文化背景中去认识自身遇到的困难。实际上，许多贫困人口受到了贫困文化的影响，形成了懒于工作、依赖福利的习惯，也由此产生了心理贫困的状态。简单地说，心理贫困实际上是对贫困的一种适应。对于长期生活在贫困中的人们来说，他们所面对的贫困事实必然对他们的生活方式、思维习惯乃至价值观念产生基本的影响。[6]

---

[1] Polly, Vizard, Sakiko, Fukuda-Parr, and Diane, Elson, "Introduction: The Capability Approach and Human Rights", *Journal of Human Development & Capabilities*, 2011, 12（1）: 1-22.

[2] 李刚、周加来，"中国的城市贫困与治理——基于能力与权利视角的分析"，《城市问题》，2009年第11期，第55—59页。

[3] UNDP, *Human Development Report 2000*. New York: Oxford University Press, 2000.

[4] Saunders, P., Naidoo, Y., and Griffiths, M., "Towards New Indicators of Disadvantage: Deprivation and Social Exclusion in Australia", *Australian Journal of Social Issues*, 2008, 43（2）: 175-194.

[5] UNDP, *Human Development Report 1997*. New York: Oxford University Press, 1997.

[6] Appadurai, A., "The Capacity to Aspire: Culture and the Terms of Recognition", In V. Rao & M. Walton (Eds.), *Culture and Public Action*. Stanford: Stanford University Press, 2004.

心理贫困使穷人陷入"自我设限"的藩篱,扼杀了他们行动的欲望和潜能。①

心理贫困也指穷人不健康的心理状况。在经济较发达的地区,穷人在社会群体中处于弱势地位,加上个体认知、社会支持和生物免疫三大系统薄弱无力,穷人成为非常容易出现心理问题的群体。② 较低的收入和较差的居住条件可能会导致人感到羞耻、屈辱,觉得生活没有希望,进而产生心理问题。③ 在我国,由于经济的快速发展和社会的剧烈变化,一些特殊的群体如农民工的社会经济地位较低,在城市中缺少归属感。改善贫困人口的心理贫困状况与提高他们的收入、完善他们的权利同等重要。

2.1.2 贫困的成因

贫困是一个极为复杂的概念,涉及经济、社会、历史、文化、心理、生理等多方面的问题。正因为如此,贫困发生的原因也要多维度、跨学科地进行分析。

从经济学理论出发,按照生产的投入和产出角度分析贫困成因,可以概括为贫困的恶性循环理论。这一理论体系起源于美国经济学家罗格纳·纳克斯(Ragnar Nurkse)于1953年在其所著的发展经济学经典代表作之一《不发达国家的资本形成》(Problems of Capital Formation in Underdeveloped Countries)中提出的关于资本与经济发展关系的理论。持这一观点的学者认为,发展中国家长期陷入贫困是由于一连串的、较低的投入—产出行为造成的。从供给方面看,资本形成有一个恶性循环。发展中国家

---

① 吴理财,"'贫困'的经济学分析及其分析的贫困",《经济评论》,2001年第4期,第3—9页。
② Patel, V., and Kleinman. A., "Poverty and Common Mental Disorders in Developing Countries", Bulletin of the World Health Organization, 2003, 81 (8): 609-615.
③ Omar, M. A., Green, A. T., Bird, P. K., et al., "Mental Health Policy Process: A Comparative Study of Ghana, South Africa, Uganda and Zambia", International Journal of Mental Health Systems, 2010, 4 (1): 1-10.

经济不发达,人均收入水平低,低收入意味着人们不得不把大部分收入用于生活消费,而很少用于储蓄,从而导致了储蓄的水平和能力低;低储蓄能力会造成资本形成不足,资本形成不足又会导致生产规模难以扩大,生产效率难以提高;低生产率造成低产出,低产出又造成低收入,周而复始,形成"低收入—低储蓄—低资本形成—低生产率—低产出—低收入"的恶性循环。从需求方面来看,资本形成同样也形成一个恶性循环。发展中国家经济落后,人均收入水平低下,这就意味着较低的购买力和消费能力;低购买力导致投资引诱不足;投资引诱不足又会造成资本形成不足;资本形成不足又会使得生产规模难以扩大,生产率难以提高;低生产率又带来低产出和低收入。这样,形成"低收入—低购买力—低投资引诱—低资本形成—低生产率—低产出—低收入"恶性循环。所以,贫困导致投资不足,投资不足导致低产出,低产出导致低收入,如此循环,就是发展中国家贫困再生产的过程和机制(见图2-1)。

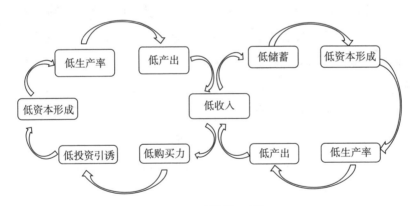

图 2-1 恶性循环理论

同样从经济学理论角度解释贫困成因的还有人力资本投资理论。在将古典经济分析应用于贫困国家的农业问题时,诺贝尔经济学奖获得者西奥多·W. 舒尔茨(Theodore W. Schultz)于 1960 年的一次题为"人力资本投资"(Investment in Human Capital)的演说中阐述了许多无法用传统经济理论解释的经济增长问题,明确提出人力资本是当今时代促进国民经济增长的主要原因，他认为"人口质量和知识投资在很大程度上决定了人类未来的前景"。舒尔茨认为人力也是一种资本，人力资本是通过投资而形成的。他把个人和社会为了获得收益而在劳动力的教育培训等方面所做的各种投入，统称为人力资本投资。根据这一理论，个人之间、群体之间的收入差距，很大程度上是由于在人力资本投资上的差异造成的，贫困的主要根源就在于人力资本投资的不足。因此，解决贫困问题的关键在于提高贫困者的人力资本投入水平。

从社会学的角度出发，有学者认为贫困在一定程度上属于个人责任。如前文所述，刘易斯通过对贫困家庭和社区的实际研究提出了"贫困文化"的概念。他认为，穷人因为贫困而在居住等方面具有独特性，并形成独特的生活方式。独特的居住方式促进了穷人间的集体互动，从而使得他们与其他人在社会生活中相对隔离，这样就产生出一种脱离社会主流文化的贫困亚文化。处于贫困亚文化之中的人有独特的文化观念和生活方式，这种亚文化通过群体内交往而得到加强，并且被制度化，进而维持贫困的生活。在这种环境中长成的下一代会自然地习得贫困文化，于是贫困文化发生世代传递。贫困文化塑造着在贫困中长大的人的基本特点和人格，使得他们即使遇到摆脱贫困的机会也难以利用它走出贫困。

但是，一个人之所以穷只是因为他穷吗？有学者就将贫困的起因归结于不平等的社会机制。美国政治思想家查尔斯·蒂利（Charles Tilly）揭示了各种组织、边界以及不同类型的社会地位对于非对称性社会互动的累积性和长期影响，使不平等生成、维持和变化的微观社会机制得到重新显现。他认为不平等起因于对生产价值资源的控制，在有限的资源供给下，就会创造出剥削，产生不平等。资源通常会聚集在不平等边界的一边，按照从马克思·韦伯（Max Weber）的社会封闭理论发展而来的机会累积机制，资源富有者会通过资本、信息、技术、知识等累积效应，固化这种不平等边界，并在不断的资源再配置过程中加剧不平等状态，将外来者排除在全部增加值之外。资源富有者往往还会通过效仿和适应机制，对已有的组织模式进行复制,使不平等从一种社会场景植入另一种社会场景,并不断巩固,这或许是当今由不平等造成的贫困问题越来越严重的一个极其重要的原因。

2.1.3 贫困的分类

从经济学的角度出发,贫困一般分为绝对贫困和相对贫困。顾名思义,如果绝对贫困是一个绝对值的话,相对贫困就是一个相对值。生活水平低于绝对贫困线的穷人无法维持基本的温饱与健康状况;而处于相对贫困的人,大多数并不缺乏维持基本生活的物质条件,只是与主流社会阶层相比,在日常生活等方面的差距较为明显。

目前人们所熟知的标准一般是对绝对贫困进行度量。1990 年,世界银行将全球最贫穷的 15 个国家的贫困标准,按购买力平价转换成美元,取其平均值,大约为每人每天 1 美元,世界银行将之确定为全球贫困线;2005 年,世界银行在考虑各国通货膨胀因素和购买力平价水平的基础上,将国际贫困线上调到每人每天 1.25 美元;2015 年,世界银行又将国际贫困线的标准上调至每人每天 1.9 美元。

在我国,农村贫困标准的定义是指在一定的时间、空间和社会发展阶段,人们维持基本生存所必须消费的食物、非食物(包括服务)的基本费用。这一定义与通常用于国际比较的世界银行标准的定义基本一致。自改革开放以来,一方面,我国的贫困标准按照不同时期经济社会发展和生活水平的提高不断调整;另一方面,也根据不同年度的物价水平进行调整。

改革开放伊始,我国参照 1978 年的价格水平,首次确定的贫困标准为每人每年 100 元。这是一个低水平的生存标准,是保证每人每天 2 100 大卡热量的食物支出,食物支出比重约为 85%。基于测算时的农村实际情况,基本食物需求质量较差,比如主食中粗粮比重较高,副食中肉蛋比重较低,且该标准中的食物支出比重过高,因而人们只能勉强果腹。

从 2000 年开始使用,参照 2000 年的价格水平,并于 2008 年正式作为扶贫标准使用的贫困线为每人每年865元。这代表了彼时的基本温饱标准，保证每人每天2 100大卡热量的食物支出，是在1978年标准基础上适当扩展非食物部分，将食物支出比重降低到60%，可基本保证实现有吃、有穿，即基本满足温饱。

现行农村贫困标准参照2010年价格水平为每人每年2 300元，参照2017年价格水平为每人每年3 300元，预计到2020年，这一标准将上升至3 900—4 000元。这是结合"两不愁，三保障"这一2020年我国扶贫开发针对扶贫对象的总体目标测定的基本稳定温饱标准。根据对全国居民家庭的直接调查结果测算，在义务教育、基本医疗和住房安全方面有保障（三保障）的情况下，现行贫困标准包括的食物支出，可按农村住户农产品出售和购买综合平均价，每天消费1斤米面、1斤蔬菜、1两肉或1个鸡蛋，获得每天2 100大卡热量和60克左右蛋白质，以满足基本维持稳定温饱的需要。同时，现行贫困标准中还包括较高的非食物支出，并对高寒地区采用1.1倍贫困线。

由于社会各个阶层之间和各阶层内部的收入差异，将总人口中的一定比例确定生活在相对的贫困之中，是目前相对贫困标准比较通行的计算方法。比如，有些国家把低于平均收入40%的人口归于相对贫困组别；世界银行的看法是，收入等于（或低于）平均收入1/3的社会成员便可以视为相对贫困。

用一句话概括两种贫困之间的区别，即绝对贫困反映生存问题，相对贫困反映发展问题。改革开放初期，在巨大的国际竞争压力面前，我国选择了支持有条件的沿海地区首先发展起来的非平衡发展战略。"七五"计划前期，国内的生产力布局逐步朝沿海地区倾斜。"七五"计划明确提出：进一步加快东部沿海地区经济发展，中部地区则重点进行原材料、能源方面的建设，同时西部地区的开发也要做好相应准备。

到20世纪90年代中后期，地区之间、区域内经济发展的不平衡逐渐显露出来，东部地区和中西部地区经济水平有很大差别，城镇与乡村经济发展不协调，特别是贫困地区的生产力发展十分缓慢。

为了应对地区之间的经济发展不平衡，党的十五大明确提出了"促进地区经济的合理布局与协调发展"模式，并且制定了以下目标：率先让东部地区实现现代化，加快对中西部地区的开发与改革开放，逐步缩小各地区间的发展差距；中央对中西部地区的扶持力度仍需加大，加强沿海与内陆、东部与中西部间的合作与交流；促进少数民族地区的经济发展；等等。"西部大开发战略"的提出就是国家为了缩小东西部发展差距、缓解相对贫困状态所做的努力。

党的十八大提出的"城乡一体化"发展战略与十九大提出的"乡村振兴"战略都彰显了国家努力解决区域内经济发展不平衡的努力，由过去的"城乡统筹"发展到"以城带乡"，再进化到"城乡融合"发展，以实现乡村振兴、降低相对贫困的程度。

2.1.4 研究现状

从世界范围来看，扶贫的概念主要有两种表达形式：摆脱贫困，从贫困人口的数量角度界定扶贫的行为过程；减缓贫困，从贫困人口的贫困深度反映扶贫的行为过程。各国根据自身贫困现象的基本特点采取了不同的扶贫方案。以英美为代表的主要发达国家实行社会福利政策、提供基本公共服务来援助贫困群体，保障他们的基本生活。第二次世界大战后，这种方案被西欧各国纷纷效仿，现已成为发达国家扶贫减贫的主要途径之一。以巴西为代表的发展中国家则主要从社会保障制度与社会援助方案、社会救助项目等途径来减少贫困，如巴西的"零饥饿"（Zero Hunger）计划、墨西哥的Oportunidades社会援助计划、印度的圣雄甘地国家农村就业保障法案（The Mahatma Gandhi National Rural Employment Guarantee Act）、巴基斯坦的PPAF（Pakistan Poverty Alleviation Fund）计划等。另外，还有一些国际组织也在为消除贫困而努力，如UNDP、世界银行、世界卫生组织（WHO）、国际人道责任伙伴组织（HAP International）等。我国学者王卓

(2004)通过对国外扶贫减贫措施的整理,将国外扶贫模式分为三类:"发展极"模式(如巴西、墨西哥、智利、哥斯达黎加、委内瑞拉、哥伦比亚、巴基斯坦等)、"满足基本需求"模式(如印度、斯里兰卡)、"社会保障方案"模式(以欧美国家为代表)。此外,黄爱军和朱奎(2010)专门介绍了美国"政府主导、社会参与、民众评判"的扶贫政策。

国内学术界关于扶贫模式与路径的研究包括:

第一,财政扶贫模式,主要包括专项资金(专项转移支付)、财政体制、税收优惠等向贫困地区倾斜的财政支付方式。此方面的研究主题有财政扶贫制度(王小琪,2007)、财政扶贫资金的投入(李小云等,2005,2007)、财政扶贫资金管理(吴国起,2011;王善平和高波,2012;寇永红和吕博,2014)等。

第二,产业扶贫模式,通过发展以种、养业为基础的区域性支柱产业来使贫困群体获得稳定经济收入来源的方式。此方面的研究主题有区域产业扶贫模式研究(贡保草,2010;吕国范,2014;舒银燕,2014)、产业扶贫模式创新(纪丽娟和裴蓓,2015)、产业扶贫业态(覃建雄等,2013;孙秀云和浦华,2014;白丽和赵邦宏,2015)、金融支持产业扶贫模式(许尔忠和齐欣,2015)、跨区域产业扶贫(巩前文等,2015)等。

第三,旅游扶贫模式,以旅游资源为依托,科学开发利用贫困地区的自然和人文旅游资源,通过旅游业发展的关联带动,实现群众脱贫致富目标的模式。此方面的研究主题有旅游扶贫模式优化升级研究(李晓琴,2013;陈友华,2014)、区域旅游扶贫模式研究(胡锡茹,2003;李国平,2004;李佳等,2009;陈琴,2011;黄国庆,2013;李志勇,2013)、基于不同理论视角的旅游扶贫模式(王铁,2008;邓小海等,2014)等,该模式在绿色发展理念下是主要的扶贫开发模式,仍然会爆发出新的发展机会。

第四,移民搬迁模式,针对缺乏水土资源地区的群众,政府科学规划、分步实施、规范管理解决农村贫困农户基本的生活与生产条件,实现土地资源与人口的合理化配置、稳定解决群众温饱的模式。此方面的研究主题有移民搬迁扶贫新思路（施国庆和郑瑞强，2010）、移民搬迁扶贫模式的效果与评价（康亮，2013）、移民搬迁意愿及满意度（黄特军，2005；李东伟，2005；翁标，2013）、区域移民搬迁研究（王玉倩，2012；叶富安，2013；李垚栋和张爱国，2013；张茹，2015）、扶贫移民管理（周鹏，2013；何得桂，2014；张茹等，2014）等。

综上所述，国内外这些扶贫模式和路径的具体举措，实施主体是政府，这不仅给公共财政带来了很大的压力，而且是通过政府政策等外部措施影响贫困群体的货币收入和非货币收入，这些赐予性的措施并不能提升贫困群体的自身发展能力，反而增加了贫困群体对扶贫措施的依赖性，多种措施之间也没有形成有效协同，对心理贫困问题的关注还非常少。更重要的是，所有的扶贫模式和扶贫措施都是针对贫困群体的，而缺少对贫困群体个体的彻底识别和针对性。针对整个贫困群体实施大规模、批量式扶贫的前提是存在大量的同质性、地域性贫困问题。然而，经过几十年的扶贫攻坚，这一前提条件在我国已逐渐消失，留下的都是难啃的"硬骨头"，贫困问题纷繁复杂、致贫原因千差万别、扶贫困境层深类广，瞄准目标偏离、精英捕获现象大量存在，传统扶贫模式和方式方法已经不能达到彻底扶贫脱贫的效果，急需一种能够个体识别、精准定位、分别施策的扶贫新模式，于是精准扶贫应运而生。

2.2 PPP 的概念

2.2.1 PPP 的定义

PPP 是英文 Public-Private Partnerships 的首字母缩写，可写作 "3Ps"，中文翻译为"政府和社会资本合作"。目前，PPP 模式尚未有一个统一的精准定义，不同的国家、地区和国际组织，因意识形态和实践需求不同，对于 PPP 的概念有不同的阐释。

公共领域的政府与私营部门合作模式最早起源于 20 世纪 70 年代。在经济萧条、财政资金不足的背景下，当时的公共行政模式已难以适应经济社会状况，英美等国家实行了引入私人部门积极参与为核心内容的公共服务供给的市场化改革。英国撒切尔内阁和美国里根政府通过积极引入私人部门参与公共项目建设运营，同时将公私合作模式运用于公共政策领域，并出台了一系列政策，极大地促进了公私合作伙伴关系的发展。20 世纪 80 年代中期，在全球私有化浪潮与债务危机的双重影响下，许多发展中国家开始了私人资本参与基础设施建设的探索，彼时由土耳其正式提出的 BOT（Build-Operate-Transfer）概念就得到了迅速推广。① 英国于 1992 年提出的公共基础设施领域私人融资计划（Private Finance Initiative，PFI）成为公共服务领域引入市场化竞争后进一步推动政府与私营部门合作的重要模式，该模式也被视为现阶段 PPP 模式的前身。

广义 PPP 的定义则大多具有相似性和普适性，政府机构、国际组织和学术界均有相应阐述：UNDP 于 1998 年提出相关表述，认为 PPP 是指政府、营利性企业和非营利性组织基于某个项目而形成的相互合作关系的形式。通过这种合作形式，合作各方可以达到比预期单独行动更有利的结果。合作各方参与某个项目时，政府并不是把项目的责任全部转移给私营部门，而是由参与合作的各方共同承担责任和融资风险。世界银行定义 PPP 为政府和私人通过建立长期合作关系，联合推动公共基础设施建设而建立的长期合作关系，私人部门负责建设和经营，承担经营风险和相应责任，政府负责监管。欧盟委员会则提出 PPP 是指公共部门和私人部门之间的一种合作关系，其目的是提供传统上由公共部门提供的公共项目或服务。亚洲开发银行认为 PPP 是指政府及私营部门为提供资产设施和服务（如电力、供水、交通、教育和医疗）而形成的合作关系。英国财政部认

---

① 项目包括阿库尤核电站、深圳沙头角 B 电厂项目。

为PPP是以公共部门和私营部门共同协作为特征的一种安排。美国PPP国家委员会认为PPP是介于外包和私有化之间，并结合了两者特点的一种公共产品提供方式，它充分利用私人资源进行设计、建设、投资、经营和维护公共基础设施，并提供相关服务以满足公共需求。加拿大PPP国家委员会认为PPP是公共部门和私人部门之间的一种合作经营关系，它建立在双方各自经验的基础上，通过适当的资源分配、风险分担和利益共享机制，最好地满足事先清晰界定的公共需求。

在我国，《国务院办公厅转发〈财政部 发展改革委 人民银行关于在公共服务领域推广政府和社会资本合作模式指导意见〉的通知》（国办发〔2015〕42号）中指出，政府和社会资本合作模式是公共服务供给机制的重大创新，即政府采取竞争性方式择优选择具有投资、运营管理能力的社会资本，双方按照平等协商原则订立合同，明确责权利关系，由社会资本提供公共服务，政府依据公共服务绩效评价结果向社会资本支付相应对价，保证社会资本获得合理收益。政府和社会资本合作模式有利于充分发挥市场机制作用，提升公共服务的供给质量和效率，实现公共利益最大化。

财政部发布的《关于推广运用政府和社会资本合作模式有关问题的通知》（财金〔2017〕76号）定义PPP模式为，政府和社会资本合作模式是在基础设施及公共服务领域建立的一种长期合作关系。通常模式是由社会资本承担设计、建设、运营、维护基础设施的大部分工作，并通过"使用者付费"及必要的"政府付费"获得合理投资回报；政府部门负责基础设施及公共服务价格和质量监管，以保证公共利益最大化。国家发展改革委发布的《关于开展政府和社会资本合作的指导意见》（发改投资〔2014〕2724号）定义PPP模式为，政府为增强公共产品和服务供给能力，提高供给效率，通过特许经营、购买服务、股权合作等方式，与社会资本建立的利益共享、风险分担及长期合作的关系。

总体而言，广义的PPP定义中，政府和社会资本共担风险、共同投资，社会资本负责运营维护，政府负责付费或补助，最终目的是提供基础设施和公共服务，达到物有所值的标准，这些内容应是能达成共识或高频出现的。

狭义的 PPP 概念主要出现在部分国家的法律规定中，用以界定实际操作中的具体情形，在一定程度上属于非学术的概念。例如，部分国家主要根据付费方式进行划分：巴西法律将使用者付费项目和政府付费项目区别开来，其《特许经营法》规范的是全部由使用者付费的 PPP 项目，而其他付费方式的 PPP 项目则由相应的其他 PPP 法律进行规范，后者才被巴西政府规定为 PPP 模式；在法国，PPP 一词仅局限于根据 PPP 相关法律实施的由政府部门付费的合同。

2.2.2 PPP 的内涵

在宏观治理层面，应从国家管理现代化体制机制变革的角度认识 PPP。2014 年以来，随着综合性的公共服务供给市场化、社会化改革不断推进，我国 PPP 市场格局初具形态，已逐步形成"法律法规、政策文件、示范项目、机构建设、能力建设"五位一体的 PPP 框架体系，成果超过预期。在 PPP 模式实践过程中，政府与市场是平等合作关系，通过政府职能体制机制的转变，充分发挥市场在资源配置中的决定性作用，更好地发挥政府作用，激发社会资本创新活力，实现公共服务供给动能的转换。

在中观机理层面，应从综合性体制机制改革的角度认识 PPP。PPP 改革推动了行政体制、财政体制和投融资体制改革，从稳增长、促改革、惠民生方面，引导经济走出新常态，特别是在加快供给侧结构性改革方面做出了积极贡献。在行政体制改革方面，政府和社会资本合作以及社会资本公平竞争，不仅达到了提质增效的目的，也促进了"放管服"制度的改革。在财政体制改革方面，政府在 PPP 合同中承诺的支出责任纳入中期财政规划，编入政府预算，在机制上打消了社会资本对政府换届换人的顾虑，让社会资本长期投资有信心。在投融资改革方面，凡是允许市场进入的，都鼓励社会资本公平竞争供给，政府要从关注投资建设转向建设运营使用一体化，并按最终产出绩效结果付费，切实提高政府投资的有效性和效率。

在微观项目管理层面，应从物有所值的角度认识PPP。通过倡导物有所值的价值取向，通过全生命周期整合程度、风险识别与分配、绩效导向与鼓励创新、潜在竞争程度、政府机构能力、可融资性等基本指标考量，借助社会资本的技术优势、管理经验，可以降低全生命周期总成本，提高政府资产和财政资金的利用效率，真正实现绩效财政，实现物有所值。

2.2.3 研究现状

国内学者对于PPP的定义分为三类。

第一类接近于国际定义，强调PPP的目的、合作关系和政企双方角色，属于广义PPP定义。如随陶和郑星珂（2017）认为，PPP通俗来说就是公私合作模式，让私营企业、民营资本与政府进行合作，通过政府授予其特许经营权的方式来参与基础设施和公共服务的建设，提供传统上由政府负责的基础设施、公用事业建设和服务的方式。赵阳（2016）定义PPP为私营企业参与提供公共基础设施或服务的一种安排，这种安排是通过合同方式体现的。贾康和孙洁（2009）定义PPP为政府公共部门在与非政府的主体（企业、专业化机构等）合作过程中，使非政府主体利用其所掌握的资源参与提供公共工程等公共产品和服务，从而实现政府公共部门的职能，同时也为民营部门带来利益。赵福军和汪海（2015）认为PPP是指公共部门、营利性企业和非营利性组织等在某些公用事业项目的建设或运营中进行相互合作的一种制度安排。

第二类是更为宽泛的定义，具有更强的学术规范性质，力图揭示其本质。刘晓凯和张明（2015）认为PPP可以定义为从完全公共部门提供公共品到完全私有化的一个区间分布。吉富星（2017）认为PPP不论是广义还是狭义，本质上都是公共部门与私营部门为提供公共服务和产品而达成的长期合作关系，而非单纯的融资手段或回报机制。这一分类倾向于提取PPP的抽象性概念，达成定义的最大公约数，但并不一定能准确全面地定义PPP的现实内容和主要特点，因此仅作为参考。

第三类则是较为狭义的定义。王守清和柯永建（2008）对PPP做了较为狭义的界定，认为必须是政府和社会资本双方共同均等地承担风险，前期投入较小，长期的、较强的合作关系才能被称为PPP。另一种方法是从特征上来界定PPP，即列出PPP的典型特征和属性。陈志敏等（2015）总结PPP的四个特点为：公私合作，提供公共产品或服务，利益共享，风险分担。欧亚PPP联络网（EU-Asia PPP Network）总结PPP的四个特点为：①通过适当分担风险和责任获得更高的效率，公共部门主要保留所有权而私营部门行使运营权；②以全寿命周期和私营投资作为PPP项目激励结构的关键因素；③长期的合同关系；④创新，特别是通过产出说明、服务水平和支付机制作为描述应提供服务的新方法。Yescombe（2007）也给出了PPP的四个特点：①公共部门与私营部门之间的长期合同；②私营部门参与设计、建设、融资和运营公共基础设施；③PPP合同期限内向私营部门一方支付使用该设施的费用，公共部门或普通公众作为设施的使用者；④设施所有权仍然属于公共部门，或在PPP合同结束时所有权重新回到公共部门手中。贾康和孙洁（2009）指出，PPP模式的重要特征是政府和非政府主体之间的风险分担以及与其对称的利益共享。Farquharson et al.(2011)认为PPP具有如下促进作用：能更高效地利用资源，资本风险与长期绩效挂钩能够激励私企强化风险分担，政府部门需要更高的质量保证和监督环节，且PPP能够确保一个更公开严谨的承诺。OECD（2009）给出的PPP的几个特征是：①购买服务而非资产；②对公共部门要物有所值；③项目风险由公共部门和私人部门分担；④充分发挥私人部门的专业技能和经验；⑤基础设施建设中通盘考虑整个项目周期内的成本。唐祥来（2006）则总结PPP的四个特点为：双主体供给、政企分开、代理运行机制、公平与效率兼顾。

可以看出，风险分担、长期合作与提高效率，是学术领域常常提及的PPP的特点。这三个特点也与我国政府文件中的主旨相吻合，缺一不可，全面地概述了PPP项目的特征和目的。

2.3　PPP模式参与脱贫减贫的理论基础

传统的扶贫模式都是基于"同质性假设"，如前文提到的那样，无法准确、有效地识别扶贫对象对于资源的差异化需求，已经不适合目前剩余贫困人口的生活现状，它们的局限性需要被摒弃。而就精准扶贫的内涵来讲，聚焦差异性是精准扶贫的基本前提。精准扶贫基于贫困原因的复杂性和差异性，要求每一份扶贫资源都要精准配置、产生对应的扶贫成效，以最大化扶贫资源的使用效率。精准扶贫给出了贫困治理的具体要求和实施路径，重点在于脱贫的成效。然而，践行精准扶贫理念还存在不少难题，能否将政府职能转变与精准扶贫绩效提升机制有效结合，才是解决精准扶贫工作中出现的问题的关键点。在扶贫领域引入各方力量并积极探索相互之间有效的合作模式是激发社会潜能的关键所在，积极引导、利用社会资源参与是当下扶贫开发的大势所趋。而PPP正是在公共服务领域，政府采取竞争性方式选择具有投资、运营管理能力的专业社会资本，双方按照平等协商原则订立合同，明确责权利关系，实现风险分担、利益共享，由社会资本提供公共服务，政府依据公共服务绩效评价结果向社会资本支付对价，使得公共产品和服务供给实现提质增效。

因此，在扶贫工作中引入PPP模式，就要处理好政府和市场的关系，使市场在扶贫资源配置中起决定性作用，更好地发挥政府的引导作用，促进更多社会资本进入扶贫领域，为公共产品和服务提质增效，同时在精准扶贫的理念下，争取用最少的扶贫资源实现最大的扶贫绩效，持续提升贫困治理效率。

2.3.1 福利经济学视角下的脱贫减贫

经济学分为实证经济学和规范经济学，前者研究经济体系的运行，说明经济体系是怎样运行的以及为什么这样运行，回答"是"和"不是"的问题；后者的任务是对经济体系的运行做出社会评价，回答"好"和"不好"的问题。福利经济学作为规范经济学的重要分支，其主张"分配越均等，社会福利就越大"，主张收入均等化，由此出现了"福利国家"。国家在国民收入调节过程中作用的加强，使国民收入呈现均等化趋势。而公共服务均等化正是公共财政的基本目标之一，也是现代政府始终追求的，是政府要为社会公众提供基本的、在不同阶段具有不同标准的、最终大致均等的公共物品和公共服务。公共服务均等化有助于公平分配，实现公平和效率的统一。当前，我国基本公共服务的非均等化问题仍然较为突出，地区之间、城乡之间、不同群体之间在基础教育、公共医疗、社会保障等基本公共服务方面的差距逐步拉大，并已成为影响社会公平公正的焦点问题之一。实现公共服务均等化在当前具有非同寻常的重大意义，所以基本公共服务均等化是缩小城乡差距、贫富差距以及地区间发展不均衡的重要途径。

帕累托最优定律认为存在这样一种状态，即任何改变都不可能使任何一个人的境况变得更好而不使别人的境况变坏。如果一项改变使每个人的福利都增加了，或者一些人的福利增加而其他的人福利不减少，这种改变就有利；如果每个人的福利都减少了，或者一些人的福利增加而另一些人的福利减少，这种改变就不利。改善贫困群体的生活和发展现状，使他们有机会享有优质的公共产品和服务，有利于提高全社会总福利。因此可以说，基本公共服务均等化是追求帕累托最优状态的一个过程。

20 世纪 80 年代以来，为进一步提高公共服务水平，世界各国政府积极探索国有企业私有化、政府与私人企业合作制度（如 PPP 模式）等改革举措，为实现公共服务均等化积累了丰富的经验。从西方发达国家经验来看，引入私人资本所带来效率的提升，能有效促使公共项目带动周边人口就业，提高人口经济收入，产生良好的社会效益和经济效益。这些经验可为真正有效解决我国当前社会发展不平衡、不充分的问题提供很好的借鉴意义，有利于我国在短期内实现公共服务均等化的目标。

2.3.2 公共产品相关理论

公共产品可分为纯公共产品和准公共产品。与私人产品相比，它们都有三个必要的属性：效用的不可分割性、消费的非竞争性和受益的非排他性。效用的不可分割性是指公共产品是不可分割的；消费的非竞争性是指一个人对公共产品的使用并不减少其他人对该产品的使用；受益的非排他性是指一旦提供某公共产品，就不可能排除任何人使用它。

现实生活中，纯公共产品往往是指为整个社会共同消费的产品，并要求有公共支出予以保证，由非营利组织经营管理。而大量存在的准公共产品并不需要完全由政府来提供，可以通过私人参与的方式让政府与市场来共同提供。然而，公共产品的这几个属性使得人们在消费公共产品时普遍存在"搭便车"的动机，即每个人都想不付或少付成本而享受公共产品。与此同时，这些基础设施和公共物品通常都具有投资规模大、建设周期长、价值转移慢的特点，使得以利润为目标和效率为经营原则的私营部门和企业不愿或无力涉足这些领域。在这种情况下，以公平为导向、有义务向全体国民提供基础民生服务的政府作为公共产品的提供者就成为必然。

但是，一方面，政府因其不同于企业经营组织的内在规定性以及财力上的约束，在效率上和项目的可持续性上存在先天不足，导致了政府失灵的问题存在。而随着社会进步和人民生活水平的提高，人们对公共产品的质量和多样性的要求将会越来越高。社会对政府职能的新要求和政府财力的捉襟见肘，凸显出公共产品提供上的困境。因此经过一定的发展，纯公共产品或自然性垄断较高的准公共产品仍然由国家直接供给，市场则被越来越多地引入到准公共产品的供给中。

另一方面，现代广义的市场失灵理论在狭义的市场失灵理论的基础上认为，市场不能解决的社会公平和经济稳定问题需要政府出面化解，从而使得政府的调控边界突破了传统的市场失灵的领域而大大扩张。政府干预经济领域的扩张说明政府在市场经济中的作用越来越重要，但政府的企业性质又要求必须对自身的行为加以规范，以提高管理效率。政府通过组织赋权的形式，将公共产品供给的部分功能让渡给社会资本，并利用国家强制力保障公共产品供给的全民性、公平性。同时，社会资本运用市场化的价格机制能够有效地预防基层公共服务质量欠佳、供给效率低下等政府失灵现象。

2.3.3 其他相关基础理论

传统型合约将建设和运营分别交给不同的机构来负责，而PPP合约通常将建设和运营交给PPP联合体来统一负责，PPP的责任整合特性是影响其相对效率的首要因素。这方面的研究主要依托不完全合同理论框架及委托代理框架展开。

在不完全合同理论范畴内，Hart（2003）基于著名的HSV（1997）模型创立了PPP的基本分析框架，首先强调了PPP合约中建设和运营的捆绑性。[①] 由于建设投资不可缔约，当它能降低运营成本且提高服务效率时，PPP具有激励优势；相反，若投资在降低运营成本的同时显著降低了服务质量，则传统的分离式合同更为适当。Bennett and Iossa（2006）则建立了项目各阶段间外部性（externality）的概念。[②]当建设和运营阶段存在正外部性时，PPP能够促进项目各阶段的协同努力，是否将建设和运营进行整合式授权则由最优的投资激励所决定。

---

① Hart, O., "Incomplete Contracts and Public Ownership: Remarks, and an Application to Public-Private Partnerships", *Economic Journal*, 2003, 113（486）: 69-76.

② Bennett, J., and Iossa, E., "Building and Managing Facilities for Public Services", *Journal of Public Economics*, 2006, 90（10-11）: 2143-2160.

在委托代理的理论框架下，Bentz et al.（2005）主要强调提高资产质量的投资所产生的道德风险问题以及提供服务的成本所产生的逆向选择问题，最优机制应当以最小的激励成本促进建设者进行适当的投资，且服务提供者愿意揭示其真实的成本。[①]由于PPP联合体同时被授予建设和运营的责任，加大建设投资将大概率降低服务成本以及提高所获得的信息租金，即在PPP模式下，政府只需承担运营的激励成本就可同时促进建设阶段投资。当提高资产质量以及提供服务的成本都较低时，政府选择PPP才是有效率的。Martimort（2008）也考虑到激励成本的问题，强调资产质量的外部不确定性太大会导致PPP联合体所承受的风险过高，因而降低PPP的效率。[②]

为了衡量阶段外部性在不同条件下对于PPP效率的影响，Martimort and Pouyet（2008）讨论了绩效（主要指运营成本和资产质量）可度量（完全合同）及不可度量（不完全合同）的情况，结果发现阶段间的正外部性在两种情况下都可促进PPP的相对效率。[③]类似地，Iossa and Martimort（2008）[④]证明了不论绩效的可缔约程度如何，阶段正外部性都是影响PPP效率最重要的因素。因此，当项目建设阶段的投资能够同时降低运营阶段的成本并提高社会福利时，多任务的统一授权会使得PPP联合体能够基于整个项目寿命阶段的收益最大化来安排激励，从而实现各阶段总体效率的最优化。在此观点之下，PPP相对于传统形式的合约是否具有效率优势，取决于PPP合约所具有的责任整合特征是否与项目本身的外部性特征相匹配。

---

① Bentz, A., Grout, P., and Halonen, M., "What Should Governments Buy from the Private Sector—Assets or Services?", Working paper, 2004.

② Martimort, "To Build or Not to Build: Normative and Positive Theories of Public-Private Partnerships", *International Journal of Industrial Organization*, 2008, 26 (2): 393-411.

③ Iossa, E., and Martimort D., "The Simple Microeconomics of Public-Private Partnerships", *Journal of Public Economic Theory*, 2015, 17 (1): 4-48.

④ Spackman, M., and Frensch, R., "Public-private Partnerships: Lessons from the British Approach", *Economic Systems*, 2002, 26 (3): 283-301.

第3章 PPP模式支持脱贫减贫的意义

3.1 我国扶贫的历史进程

3.1.1 我国扶贫模式的历史沿革

虽然扶贫工作在中华人民共和国成立以来一直在进行,但真正意义上的扶贫工作是从改革开放以来逐步明确的,同时也随着时间的推移,不断被赋予特殊的含义。

截至1978年,尽管中国的国民生产总值达到3 624亿元,比1965年的1 716亿元翻了一倍多,年均增长率达6.8%,并建立起了一个独立的、门类齐全的工业体系,但是人民生活依然比较贫困,生产技术也比较落后。根据中国国家统计局《关于中国农村贫困状态的评估和监测》报告可以得知,按1978年100元的贫困线标准衡量,1978年全国贫困人口的规模为2.5亿人,占全国人口总数的25.97%,占当时农村人口总数的30.7%,占世界贫困人口总数的25%;如按1978年价现行农村贫困标准衡量,当年农村居民贫困发生率为97.5%,农村贫困人口规模为7.7亿人。

改革开放伊始,我国贫困问题非常严重,扶贫形式十分严峻。面对如此巨大的贫困人口基数,我国政府因时制宜地主导了侧重点不同的扶贫战略。从1978年至今的40余年,我国先后经历了以制度性变革推动扶贫阶段、20世纪80年代初开始的以解决"三农"问题为导向的大规模开发式扶贫阶段、重点解决农村贫困人口的温饱问题的综合性扶贫阶段、21世纪开始的全面建设小康社会时期的扶贫开发阶段（见图3-1）。从一定意义上来说，我国扶贫开发的过程是不断追求贫困治理效率改进的过程：从提供物质救助的救助式扶贫、强调扶贫对象发展能力的开发式扶贫，到强调扶贫对象自身融入的参与式扶贫，再到目前强调精确识别、精确帮扶、精确管理的精准扶贫。

1978 "体制改革"扶贫阶段	1985 "开发式"扶贫阶段	2001 "综合性扶贫"阶段	2011 "精准扶贫"阶段
1.设立"支援经济不发达地区发展资金" 2.设立全国第一个区域性扶贫开发实验地 3.国务院颁布《关于帮助贫困地区尽快改变面貌的通知》 4.农民人均年纯收入由1978年的133.57元增加到1985年的397.60元，增长2.98倍，年均递增16.88% ……	1.设立国务院贫困地区经济开发领导小组 2.首次确定了国家贫困县标准 3.颁布实施《国家八七扶贫攻坚计划（1994—2000年）》 4.截至2000年年底，中国农村绝对贫困人口减少到3209万人，贫困发生率下降到3.6% ……	1.颁布实施的《中国农村扶贫开发纲要（2001—2010年）》 2.全国确定了14.8万个贫困村作为扶贫工作重点 3.到2010年，按低收入贫困线衡量的农村贫困人口为2688万人，贫困发生率下降到2.8%	1.颁布实施《中国农村扶贫开发纲要（2011—2020年）》 2."六个精准""五个一批"为重点的"精准扶贫"成为我国减贫工作的中心 ……

图 3-1　中国扶贫模式的演变及历史沿革

1978—1985 年：以"体制改革"消除普遍贫困。当时造成贫困的主要原因是"人民公社"体制下"大锅饭"思想导致人们的生产积极性低下，无法适应生产力发展的需求。随着党的十一届三中全会召开，党和国家为尽快加速经济发展，率先在农村地区实行经济体制改革，通过赋予农民农业生产自主权，极大地激发了当时农村劳动力的生产积极性。在经济体制从计划经济向市场经济转型的初期，农村生产力的解放极大地促进了农村发展，创造了有利的扶贫宏观环境。在此基础上，政府开始颁布一系列扶持措施：1980 年，设立"支援经济不发达地区发展资金"支持革命根据地、少数民族地区及边远贫困地区发展；1982 年，设立全国第一个区域性扶贫开发实验地，通过"三西农业专项建设资金"支持甘肃定西、河西和宁夏西海固的集中连片贫困地区发展；1984 年，国务院颁布《关于帮助贫困地区尽快改变面貌的通知》，划定18个需要重点扶持的贫困地带。

以改革开放、发展生产为主线的这8年，是中国贫困人口减少最快的时期。英国《经济学人》（*The Economist*）杂志1992年11月第2期的一篇文章显示，到1985年中国基本完成了农村体制改革，约有1.5亿人口脱离绝对贫困，同时中国经济快速增长。通过"外部输血"的救济式扶贫方式，中国农村人口在这一阶段实现了普遍性的经济增长，收入增加。数据表明，农民人均年纯收入由1978年的133.57元增加到1985年的397.60元，增长2.98倍，年均增长16.88%。

虽然农村改革带来了很大的初期红利，但由于边际效益递减，贫困人口很难再延续初期快速的递减速率。同时，许多农村受限于其自然环境和地理位置，基础设施落后、市场体制不健全、贫富分化等问题日渐凸显，再继续延续"救济式扶贫"方式，已经很难有效加速减贫工作的进展。

1986—2000年：由救济式扶贫向开发式扶贫转变。在开发完农村体制改革所带来的初期红利后，政府意识到，提高扶贫工作效率必须实现从"传统片区式救济"向"区域经济型扶贫"的转变。因此，随着1986年国务院贫困地区经济开发领导小组这一国家级的专门扶贫机构成立，同时为实现"七五"期间"解决大多数贫困地区人民的温饱问题"这一目标，一系列有针对性、大规模的扶贫政策逐渐形成并开始实施。

在当时改革开放重点由农村转向城市、由农业转向工商业的背景下，地区间发展差距拉大，尤其是"三农问题"逐渐凸显。根据1986年6月国办转发的国务院贫困地区经济开发领导小组第一次全体会议纪要，全国农村人均年纯收入在200元以下的约有1.02亿人，占农村总人口的12.2%，其中150元以下的有3 643万人，占4.36%。国家在当时国力暂不能针对每家每户开展扶贫工作的背景下，建立了以县为主要扶贫对象的聚焦机制，以提高有限资源的使用效率，并于1986年首次确定了国家级贫困县标准。根据这一标准，全国确定了首批328个国家级贫困县名单，到1988年国家级贫困县调整到370个，到1994年调整为592个，并确定将

70%的扶贫资金用于支持贫困县。到1993年年底，农村贫困人口减少到8 000万人，贫困发生率下降到8.7%。根据国际上的减贫经验，当贫困发生率下降到10%以下后，减贫的速度会放缓，贫困人口的减少容易进入瓶颈阶段。

国家在1986年首次提出开发式扶贫后，1994年颁布实施《国家八七扶贫攻坚计划（1994—2000年）》（以下简称"八七攻坚计划"）是中国由救济式扶贫向开发式扶贫转变的一个更为明显的标志。八七攻坚计划对先期的扶贫工作进行了根本性的改革与调整，明确提出要"集中人力、物力、财力，动员社会各界力量，力争用7年左右的时间，基本解决目前全国农村8 000万贫困人口的温饱问题"，因地制宜地"提出优惠政策与开发方针""劳务输出与开发式移民""改善基础设施"是当时开发式扶贫的主要措施。截至2000年年底，中国农村绝对贫困人口减少到3 209万人，贫困发生率下降到3.6%。虽然到那时全国农村贫困人口基本解决了温饱问题，八七攻坚计划的目标基本完成，但随着贫困发生率的大幅下降，以县为单位的扶贫资金投放方式使很多没有生活在贫困县的人口无法充分受益，在一定程度上大幅降低了扶贫效率。据统计，1994年7 000万贫困人口中有2 300万生活在非贫困县中，2000年全国3 209万绝对贫困人口中只有不到60%分布在国家级贫困县中。

相当数量的贫困人口生活在非国家级贫困县，对当时的扶贫战略提出了新的挑战。随着中国国力在这一阶段的大幅提升，更为有效的扶贫战略呼之欲出。

2001—2010年：由"以县为单位开发式帮扶"到"整村推进的综合性扶贫"。21世纪初期，中国贫困人口呈现点状分布的特点，在空间上更为分散。针对这一特点，2001年颁布实施的《中国农村扶贫开发纲要（2001—2010年）》将减贫工作的重点从"以县为单位"转向"以村为单位"，用参与式方法自下而上地制订和实施扶贫开发规划，继续解决八七攻坚计划没有完全解决的问题，以巩固脱贫的成果。同时，全国确定了

14.8万个贫困村作为扶贫工作重点,占行政村总数的21.0%,覆盖83.0%的绝对贫困人口。

这一阶段强调以村为单位调动农民的参与进行农村扶贫综合开发,以贫困村为对象和村级扶贫规划为基础的整村推进,进一步改善贫困地区人们的基本生活、巩固温饱成果、提高生活质量和综合素质、加强基础设施建设、改善生态环境。到2010年,按低收入贫困线衡量的农村贫困人口为2 688万人,贫困发生率下降到2.8%。

2011年至今:片区攻坚和精准扶贫。1978年至今,我国减贫工作取得了显著成就(见图3-2),但仍需清醒地看到,随着经济社会发展总体水平提高,区域发展不平衡问题突出,制约贫困地区发展的深层次矛盾依然存在,扶贫对象规模依然庞大。

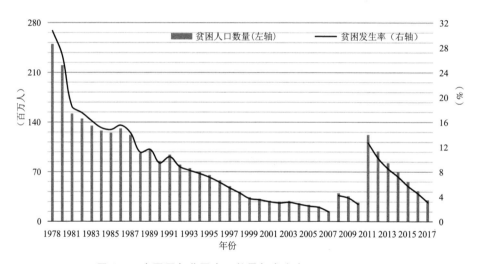

图3-2 中国历年贫困人口数量与发生率(1978—2017)

贫困线标准的提高看似简单,但足以反映出中国扶贫形势的巨大变化。一是减贫工作内涵的转变。2011年颁布实施的《中国农村扶贫开发纲要(2011—2020年)》(以下简称《纲要》)明确指出,"我国扶贫开发已经从以解决温饱问题为主要任务的阶段转入巩固温饱成果、加快脱贫致富、改善生态环境、提高发展能力、缩小发展差距的新阶段"。中国面临的减贫工作挑战由过去的发展相对滞后形成的"绝对贫困"转变为目前的以收入不平等为特点的"相对贫困"。

二是减贫工作攻坚区域的变化。《纲要》提出"提高扶贫标准,加大投入力度,把连片特困地区作为主战场,把稳定解决扶贫对象温饱、尽快实现脱贫致富作为首要任务"。连片特困地区是全国扶贫对象最多、贫困发生率最高、扶贫工作难度最大的地区,包括秦巴山区、滇桂黔石漠化片区等11个区域的连片特困地区和已明确实施特殊政策的西藏、四省(四川、云南、甘肃、青海)藏族聚居区、新疆南疆三地州,共有14个片区680个县。

三是减贫工作目标上升到全新高度。《纲要》明确的这一阶段总体目标是:"到2020年,要稳定实现贫困对象不愁吃不愁穿,保障其义务教育、基本医疗和住房。使贫困地区农民人均纯收入增长幅度高于全国平均水平,基本公共服务主要领域指标接近全国平均水平,扭转发展差距扩大趋势。"作为全面建成小康社会的底线目标,中共中央、国务院"把扶贫开发工作纳入'四个全面'战略布局,作为实现第一个百年奋斗目标的重点工作,摆在更加突出的位置"。

2013年11月3日,习近平总书记在湘西调研扶贫工作时,明确提出扶贫工作"要科学规划、因地制宜、抓住重点,不断提高精准性、有效性和持续性""要实事求是,因地制宜""要精准扶贫,切忌喊口号,也不要定好高骛远的目标"。以此为起点,"六个精准""五个一批"为重点的"精准扶贫"成为我国减贫工作的中心。

精准扶贫是以精细管理、综合协同、持续再生的理念为指导,运用统筹、协调、分类的科学方法,变"大水漫灌"为"精准滴灌",坚持全过程责任式管理,对扶贫对象实施精准识别、精准施策、精准管理的综合治理贫困新方式。精准扶贫的起点在于明确贫困居民的致贫原因,从而针对特定的原因制定有针对性的扶贫措施,从根源上帮助贫困群体走出贫困。精准扶贫的核心内容是做到"真扶贫,扶真贫",相关资金相关工作确实是为帮扶贫困群体而展开，而不是借着扶贫的由头谋取其他利益；仔细甄别需要帮扶的群体，避免帮扶了本不需要帮扶的人群，也要避免需要帮扶的人群被疏漏。精准扶贫的最终目的在于减少贫困人口和消除贫困，实现全面脱贫、全面小康、全面发展。

精准扶贫首先要做到的就是精准识别，如果不把"扶持谁"的问题解决好，那么后续工作就极有可能用错了对象，最终导致扶贫工作进展缓慢。习近平总书记在2015年中央扶贫开发工作会议上指出，确保把真正贫困人口弄清楚，把贫困人口、贫困程度、致贫原因等搞清楚，以便做到因户施策、因人施策。

要想做到精准识别，首先，需要制定贫困的指标体系，以国家基准贫困线为标准，结合当地的实际情况划定科学的扶贫基线和贫困深度指数。其次，需要对贫困指标体系进行细化和量化，根据实际情况赋予各要素不同的分值和权重，以便于准确找到扶贫对象。再次，扶贫对象的信息要公开化、透明化，接受群众的监督，允许其他群众提出异议并及时予以核实和更正。最后，对贫困群体要建档立卡并上网，及时跟进贫困信息的网络录入，做到对贫困群体信息准确记载、详细分析。在准确识别贫困群体的前提下，精准扶持是关键。精准设计扶贫策略和制度，制定扶贫措施和机制，是在贫困对象、贫困原因识别基础上的策略选择问题。要切实做到精准安排项目、精准使用资金、精准调动力量、精准选人用人。在精准识别、精准制定扶贫措施的基础上，通过精准管理，保证在精准推进上下实功夫，提高扶贫成效。动态管理农户信息，建立贫困群体信息的网络系统，做到有进有出、进退及时，对已经脱贫的群体要及时从系统中删除，以免其出现依赖政府帮扶不愿自力更生的惰性思想。科学管理扶贫资金，保证财政专项扶贫资金在阳光下运行，引入第三方监督，确保扶贫资金准确高效地使用。明确划分事权责任，以保证各部门能够各司其职、通力合作，集中解决突出问题，推进扶贫工作的高效进行。任何工作只有通过相关机制进行考核才能确保绩效提升、责任到人，扶贫工作也不例外。只有以精准考核作为保障,才能避免出现责任不清、互相推诿、动力不足和得过且过的问题。精准考核主要强调责任明确、奖惩分明、精细化、反馈性、系统化、整体性。

扶贫开发事关全面建成小康社会,事关人民福祉。实施精准扶贫是促进全体人民共享改革发展成果、实现共同富裕的重大举措,是体现中国特色社会主义制度优越性的重要标志,也是经济发展新常态下扩大国内需求、促进经济增长的重要途径。精准扶贫的战略意义主要体现在以下四个方面。

第一,精准扶贫是践行党的根本宗旨、推进"四个全面"战略布局、实现"五位一体"总体布局的必然要求。经过多年的减贫工作,现在剩下的都是"硬骨头""大难题""深水区",贫困问题依然是我国全面建成小康社会的一个突出短板。精准扶贫是削减贫困、缩小收入差距、统筹区域协调、实现共同富裕的内在要求,也是我国实现全面小康和现代化建设的一场攻坚战。

第二,精准扶贫是社会主义的本质要求。社会主义的本质是解放生产力,发展生产力,消灭剥削,消除两极分化,最终达到共同富裕。当前虽然我国经济发展水平稳步提升,但贫富差距也呈逐年递增态势,这也是制约我国经济协调发展、全面建成小康社会最突出的短板。只有让贫困群体彻底摆脱贫困,才能达到社会主义的本质要求,社会主义的优越性也才会更好地体现出来。

第三,精准扶贫是解决民生问题的有效手段。很多贫困群体在缺乏外界帮扶和支持的情况下很难自主摆脱贫困,应通过精准扶贫,找到真正需要帮扶的群体,明确致贫原因,通过"授人以鱼或以渔"的方式帮助其走出贫困,使之共享经济发展的成果。

第四,精准扶贫是我国扶贫开发制度化、法治化的强劲推动力。法律是治国之重器,良法是善治之前提。党的十八大以来,我国政府对扶贫开发工作的重视程度、投入规模前所未有,尤其是在推进精准扶贫的过程中，扶贫工作的各个环节，包括建档立卡、规划编制、项目安排、资金使用、考核督查等更加规范化，促进扶贫工作走向法治化、制度化。

回顾过去的40年，不难发现，精准扶贫战略是减贫工作追求效率提升的必然结果。在贫困问题比较普遍、扶贫整体发展较为滞后时，针对个体的帮扶成本太高且成效不大，因而适宜采取输血式救济与开发式扶贫相结合的方法。当随着经济社会的发展、国力的提升，大部分贫困问题得以解决，只剩下差异较大、分布分散的贫困问题时，精准扶贫在效率上的优势才能体现。

纵观我国扶贫模式的发展历程，扶贫工作由最初的大范围、区域性的减贫，到如今针对每一个贫困个体有针对性的减贫，扶贫工作越来越精细化，效率越来越高，但也不能忽视要想实现2020年全面建成小康社会、实现农村贫困人口脱贫的既定目标，仍然还有许多工作要做。要切实贯彻"精准扶贫、精准脱贫"的基本方略，财政资金的配置是一个关键性的环节。我国的财政扶贫资金随扶贫模式演变和经济发展呈逐年递增态势。在财政扶贫开发工作的起步阶段（1980—1984年），中央财政累计安排扶贫资金29.80亿元，年均增长11.76%。从中可见，在起步阶段我国政府就给予扶贫工作以极大的关注，着力推进脱贫减贫工作的进行。在制度化开发式扶贫起步阶段（1985—1993年），中央财政累计安排扶贫资金201.27亿元，年均增长16.91%，相比上一阶段不论是资金总额度还是增长率均有了大幅上涨。1994—2000年，政府推出《国家八七扶贫攻坚计划（1994—2010年）》，扶贫资金年均增长9.81%，虽然增幅比上一阶段有所下降，但资金投入额度是上一阶段的2倍多，累计达到531.81亿元。《中国农村扶贫开发纲要（2001—2010年）》实施阶段，中央财政累计安排财政专项扶贫资金约1 440.34亿元，年均增长9.3%。在2011年以后的"十二五"期间，中国累计安排财政专项扶贫资金余额1 898.22亿元，年均增长14.5%，资金增幅重回两位数（见图3-3）。

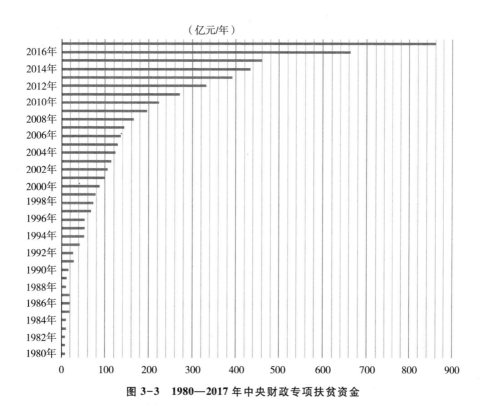

图 3-3　1980—2017 年中央财政专项扶贫资金

当然，财政扶贫资金需要有一套严格的管理办法规定其具体的分配及使用方式，以防止资金被乱用错用。我国扶贫资金的管理办法也是在摸索中逐步发展起来的。1986 年年底《支援经济不发达地区发展资金管理办法》颁布实施，其中规定"发展资金的分配使用，要注意同各个渠道的扶贫资金统筹安排，结合起来使用，但也要有所区别，实行分别核算、分别报账"。1997 年国务院办公厅发布《国家扶贫资金管理办法》，其中第六条首次提出资金配套问题，规定"省、自治区、直辖市向国家重点扶持贫困县投入的扶贫资金，依据本地区的经济发展水平和财政状况，应当达到国家扶贫资金总量的 30%—50%"。2000 年，《财政扶贫资金管理办法（试行）》颁布，对于项目资金的拨付，第十八条规定"财政部门根据项目建设进度拨付资金"。从财政配置政策的发展中可以发现，随着扶贫实践的不断发展，我国财政配置政策也随之逐步完善。这些财政配置政策的出台对于我国阶段性扶贫任务的完成起到了积极的助推作用，并为下一阶段的扶贫减贫工作打下了基础。

但不得不说我国在扶贫资金的使用上依然存在许多问题：第一，权责不匹配，作为最了解贫困状况的基层单元缺少项目安排和资金使用的自主权，很多时候不是基层政府不想帮，而是没有权利帮；第二，各部门之间合作不到位，导致扶贫工作进展缓慢，不能及时将相关的补贴资金或相关资源下发到贫困群体手中，影响了脱贫进程；第三，扶贫资金使用及分配的透明度不高，在相关的政府网站或是政府报告中，不论是贫困群体还是其他非贫困群体，都不能明确地了解到扶贫资金的具体使用情况，每一笔资金由谁发放、发放到哪一个个体、具体在什么时间发放，这些所有信息非公开不透明，也难怪会发生扶贫资金被挤占、挪用甚至侵吞的现象。

随着我国扶贫工作的推进，政府部门也在着力解决扶贫资金的使用乱象。2014年国务院扶贫开发领导小组发布了《关于改革财政专项扶贫资金管理机制的意见》（国开发〔2014〕9号），该意见提出了财政专项扶贫资金管理的四项基本原则：精准扶持、突出重点、权责匹配、公开透明。2016年4月，国务院办公厅印发《关于支持贫困县开展统筹整合使用财政涉农资金试点的意见》（国办发〔2016〕22号），该意见要求改革涉农资金管理使用机制，赋予贫困县统筹整合使用财政涉农资金的自主权，引导贫困县工作重心从"要到钱"向"花好钱"转变。2017年3月16日，财政部、国务院扶贫办召开会议，联合布置开展财政扶贫资金专项检查工作。

3.1.2 我国扶贫模式演进

改革开放以来，我国扶贫工作成绩斐然，7亿多农村贫困人口实现脱贫，为全世界提供了减贫的中国经验。从我国贫困治理的方式来看，其经历了从提供物质救助的救助式扶贫到强调扶贫对象发展能力的开发式扶贫，再到强调扶贫对象自身融入的参与式扶贫①，最后是精准扶贫的提出。从扶贫效率来看，我国贫困发生率持续降低，贫困治理效率不断提升。

救助式扶贫的前提是把贫困看成物质匮乏而导致的低水平生活状态，因此，扶贫的关键是强调对贫困者的物质救助和帮扶，提升他们的收入水平，改善他们的生活状态。救助式扶贫往往被称为"输血式"扶贫，它仅能在短期内解决贫困者的物质贫乏问题，扶贫效果差且不稳定，易造成贫困问题的反复甚至在代际传递，形成持续性贫困累积。所以，救助式扶贫的效率并不高。

开发式扶贫将贫困的原因理解为能力贫困，进而强调提升发展能力，特别是贫困者自身能力的发展。开发式扶贫强调贫困地区及贫困者自身发展能力和权利的获得，例如从教育、就业、劳动技能培训等方面加强贫困者的发展能力。开发式扶贫往往被称为"造血式"扶贫，它立足解决脱贫不稳定的问题，使贫困者获得发展后劲，因而比救助式扶贫更能治本，效果更好，脱贫率更高。然而，早期的开发式扶贫并没有很好地利用市场力量，资金投放的"计划性"造成了资金投放结构的扭曲。其结果是，扶贫资金因投放过程中的结构性扭曲而进一步影响了效率的发挥。②

参与式扶贫旨在动员全社会各方面的力量帮助贫困地区和贫困者摆脱被边缘化的状态，强调社会发展的整体性和平衡性。参与式扶贫关注贫困者对经济社会发展的参与和融入，以期从经济、社会、制度、心理等方面全方位解决贫困者的贫困问题，让其彻底摆脱贫困。参与式扶贫为我国贫困治理描绘了理想目标，但可实施性和可操作性欠缺，在调动社会资本、社会组织以及贫困者等社会各方力量方面没有很好的制度安排和激励机制。

---

① 刘敏，"贫困治理范式的转变——兼论其政策意义"，《甘肃社会科学》，2009年第5期，第213—215页。

② 蔡昉、陈凡、张车伟，"政府开发式扶贫资金政策与投资效率"，《中国青年社会科学》，2001年第20期，第60—66页。

救助式扶贫、开发式扶贫、参与式扶贫三种模式基于"同质性假设",已经不适合目前剩余贫困人口的生活现状,需要扬弃它们的局限。① 就精准扶贫的内涵来讲,差异性是精准扶贫的基本前提。② 精准扶贫基于贫困异质性,将扶贫效率摆在核心位置,要求投入一份扶贫资源就要实现相应的扶贫绩效,使扶贫资源的使用效率最大化。应该说,精准扶贫体现了贫困治理的最优路径,并提出具体操作标准,即六个精准——扶持对象精准、项目安排精准、资金使用精准、措施到户精准、因村派人精准、脱贫成效精准。精准扶贫给出了贫困治理的要求和具体路径,落脚点在脱贫的成效上。然而,践行精准扶贫理念存在诸多困境,将政府职能转变与精准扶贫绩效提升机制有效结合,才是解决精准扶贫工作出现的问题的关键点③,在扶贫领域引入各方力量并积极探索相互之间的合作模式是激发社会潜能的关键所在,积极引导、利用社会资源参与扶贫开发是当下扶贫开发的大势所趋④。

3.2 我国贫困现状与成因分析

3.2.1 我国贫困现状及特征

十九大报告提出,坚决打赢脱贫攻坚战,确保到2020年我国现行标准下农村贫困人口实现脱贫。在全面建成小康社会、实现中华民族复兴的伟大进程中,以习近平同志为核心的党中央,大力实施精准扶贫、精准脱贫

---

① 张玉,"论'治理保障型'社会救助模式的构建依据与实现路径——以广东农村扶贫模式演进的历史逻辑为分析文本",《社会科学战线》,2012年第1期,第179—184页。
② 梁士坤,"新常态下的精准扶贫:内涵阐释、现实困境及实现路径",《长白学刊》,2016年第5期,第127—132页。
③ 莫光辉、凌晨,"政府职能转变视角下的精准扶贫绩效提升机制建构",《党政研究》,2016年第5期,第95—101页。
④ 祝慧、莫光辉、于泽堃,"农村精准扶贫的实践困境与路径创新探索",《农业经济》,2017年第1期,第9—11页。

基本方略，政府通过在交通、水利、教育、健康和金融等领域开展扶贫行动，一方面提高了贫困地区的经济增长水平；另一方面也在一定程度上解决了贫困地区人口的就业问题，降低了贫困发生率。根据国家统计局的公开数据[①]，我国贫困人口由 2013 年的 8 249 万人下降到 2017 年的 3 046 万人[②]，贫困发生率则由 8.5% 降至 3.1%（见图 3-4）。

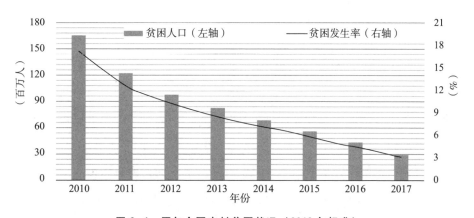

图 3-4　历年全国农村贫困状况（2010 年标准）

我国的减贫成就不仅体现在贫困总体规模的缩小上，也体现在贫困地区居民消费支出较快增长，以及生产生活条件改善上。

一是贫困地区农村居民消费支出保持较快增长。2017 年，贫困地区农村居民人均消费支出 7 998 元，与 2012 年相比，年均名义增长 11.2%，扣除价格因素，年均实际增长 9.3%。其中，集中连片特困地区农村居民人均消费支出 7 915 元，年均名义增长 11.2%，扣除价格因素，年均实际增长 9.2%；扶贫开发重点县农村居民人均消费支出 7 906 元，年均名义增长 11.3%，扣除价格因素，年均实际增长 9.3%。

二是贫困地区农村居民居住条件不断改善。从住房质量改善看，2017 年贫困地区农村居民户均住房面积比 2012 年增加 21.4 平方米；居住在钢

---

① 2018 年 9 月 3 日国家统计局发布改革开放 40 年经济社会发展成就系列报告之五《扶贫开发成就举世瞩目　脱贫攻坚取得决定性进展》。

② 按我国 2011 年确定的现行农村贫困标准。

筋混凝土房或砖混材料房的农户比重为58.1%，比2012年上升18.9个百分点。从饮水安全看，2017年贫困地区农村饮水无困难的农户比重为89.2%，比2013年上升8.2个百分点；使用管道供水的农户比重为70.1%，比2013年上升16.5个百分点；使用经过净化处理自来水的农户比重为43.7%，比2013年上升13.1个百分点。从居住条件看，2017年贫困地区农村居民独用厕所的农户比重为94.5%，比2012年上升3.5个百分点；使用卫生厕所的农户比重为33.2%，比2012年上升7.5个百分点；使用清洁能源的农户比重为35.3%，比2012年上升17.6个百分点。

三是贫困地区农村居民家庭耐用消费品升级换代。从传统耐用消费品看，2017年贫困地区农村每百户拥有电冰箱、洗衣机、彩色电视机分别为78.9台、83.5台和108.9台，分别比2012年增加31.4台、31.2台和10.6台，拥有量持续增加，和全国农村平均水平的差距逐渐缩小。从新型耐用消费品看，2017年贫困地区农村每百户汽车、计算机拥有量分别为13.1辆、16.8台，分别是2012年的4.9倍和3.1倍，实现了快速增长。

同时，国家对农村贫困地区水、电、路、网等基础设施和公共服务建设投资的力度不断加大，"四通"覆盖面不断扩大，教育、文化、卫生设施配置逐渐齐全。

一是基础设施条件不断完善。截至2017年年末，贫困地区通电的自然村接近全覆盖；通电话的自然村比重达到98.5%，比2012年上升5.2个百分点；通有线电视信号的自然村比重为86.5%，比2012年上升17.5个百分点；通宽带的自然村比重为71.0%，比2012年上升32.7个百分点。2017年贫困地区村内主干道路面经过硬化处理的自然村比重为81.1%，比2013年上升21.2个百分点；通客运班车的自然村比重为51.2%，比2013年上升12.4个百分点。

二是教育文化状况明显改善。2017年，贫困地区农村居民16岁以上家庭成员均未完成初中教育的农户比重为15.2%，比2012年下降3.0个百分点；84.7%的农户所在自然村上幼儿园便利，88.0%的农户所在自然村上小学便利，分别比 2013 年提高 17.1 个和 10.0 个百分点；有文化活动室的行政村比重为 89.2%，比 2012 年提高 14.7 个百分点。

三是医疗卫生水平显著提高。2017 年，贫困地区农村拥有合法行医证的医生或卫员员的行政村比重为 92.0%，比 2012 年上升 8.6 个百分点；92.2% 的户所在自然村有卫生站，比 2013 年上升 7.8 个百分点；拥有畜禽集中饲养区的行政村比重为 28.4%，比 2012 年上升 12.4 个百分点；61.4% 的户所在自然村垃圾能集中处理，比 2013 年上升 31.5 个百分点。

在我国不同区域，贫困状况也有所不同。就大范围的东、中、西部来说，贫困人口的规模和发生率从东向西是递增的，这一方面是由地理因素导致的，另一方面也是由经济发展不平衡引发的产业转移人口流动等因素导致的。但纵观东、中、西部的减贫效果，能够发现近几年中、西部的减贫效果还是十分显著的。中部地区的贫困发生率由 2010 年的 17.2% 下降到 2017 年的 3.4%。西部地区由于其贫困发生率的基数大，取得的效果也更为显著，从 2010 年的 23.8% 下降到 2017 年的 5.6%，总共下降了 18.2 个百分点。截至 2017 年贫困发生率最低的东部和最高的西部差距缩小到 4.8%，贫富差距明显缩小，收入分配问题得到了较好的解决。但同时也应该注意到西部地区仍然有 1 634 万人处于贫困状态，扶贫还有许多工作要做。①

从全国各省的贫困发生率（见图 3-5）可以看出，总体上仍然是处于东部地区的省份贫困发生率较低，而中、西部省份的贫困发生率较高。有些省份虽然所处的地理位置不佳，但通过利用省内资源、接受国家政策扶持等同样较好地改善了贫困状况。全国的贫困状况总体上来说可以分成四个梯队：第一梯队是以北京为代表的经济较为发达的特大城市或沿海省

---

① 东部地区包括北京、天津、河北、辽宁、上海、江苏、浙江、福建、山东、广东、海南等 11 个省份。中部地区包括山西、吉林、黑龙江、安徽、江西、河南、湖北、湖南等 8 个省份。西部地区包括内蒙古、广西、重庆、四川、贵州、云南、西藏、陕西、甘肃、青海、宁夏、新疆等 12 个省份。

份；第二梯队包括黑龙江、四川、江西等省份，这些省份资源较为丰厚，有着得天独厚的优势；第三梯队为山西、青海、湖南等省份，这些省份人口基数大，贫困人口多，加之没有丰富的资源或特色的产业能够拉动经济的增长，因此贫困发生率偏高；第四梯队为新疆、西藏、甘肃、贵州，这些省份地处偏远，资源匮乏，导致了贫困人口的增多。而从时间的纵向对比上可以看出，甘肃、云南、新疆、贵州和西藏贫困发生率下降得最多，超过25%，这些省份虽然贫困发生率较高，但六年时间里也取得了较好的减贫成效。

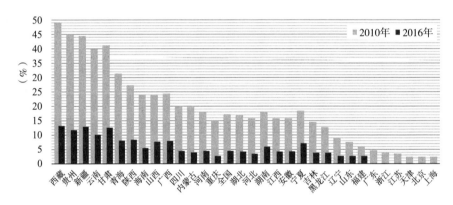

图 3-5 全国各省贫困发生率

资料来源：国家统计局于 2018 年 2 月 1 日发布的《2017 年全国农村贫困人口明显减少，贫困地区农村居民收入加快增长》。

从贫困人口占全省贫困人口比重来看（见图 3-6），不论是 2010 年还是 2016 年各省份贫困人口占全国贫困人口的比重中，都是河南、湖南、广西、四川、贵州、云南居多，这些省份或是人口大省，人口基数大，所拥有的贫困人口自然偏多；或是地处山区、丘陵甚至高原地带，交通不便，经济发展滞后，较易导致贫困的发生。而从 2010—2016 年的纵向时间对比上看，河北、四川的比重都有明显下降，减贫效果较好。与之相对比，山西、湖南、广西、甘肃的比重都有明显上升，这些省份在六年时间里贫困人口的减少速度低于全国水平，减贫工作还有待进一步加强。

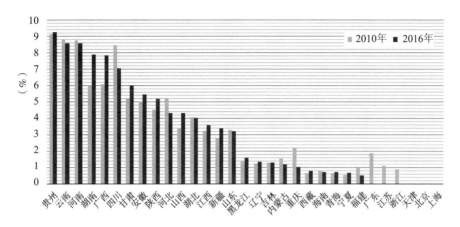

图 3-6　各省贫困人口占全国贫困人口比重

3.2.2　造成我国贫困现状的原因

造成我国贫困状况的成因是多方面的，主要可以归结为自然环境、经济社会和人文因素这三个方面。

自然环境方面，可以发现目前我国贫困发生率较高的地区多为自然资源匮乏、自然灾害频发、生态环境脆弱的地区。缺少资源也就缺少了得天独厚的优势，资源要素配置能力不足与滞后，从而引发一系列问题，农林牧渔业因没有相应的土地、水、森林等资源，发展困难，生产生活所需的资源反而需要从外部购买，增加了经济负担；同样，没有资源可以开采，工业也没有发展的条件，即使有些企业前来设厂也会由于资源匮乏需要从外部运输、劳动力短缺成本高等因素破产；没有第一产业和第二产业的支撑，也就没有人口的聚集，发展第三产业更是天方夜谭。总的来说就是，自然资源的匮乏、生产生活条件的恶劣阻碍了贫困地区的经济发展进而导致贫困。

但一个地区自然资源丰富也并不意味着其远离了贫困。我国许多贫困发生率较高的地区都有着丰富的自然资源，如新疆有石油资源、贵州有水资源、云南有有色金属资源等。但这些地区或是生态脆弱，资源不易开采、不能开采,或是环境恶劣、交通不便、信息闭塞导致开发难度大。此外,一些即使资源较易开采、开发难度较小的地区也由于技术落后不能对资源进行合理有效的开采,只能采取低层次、粗放式的平面开垦,从而导致了生态环境的破坏,如此反复形成恶性循环。贫困地区的自然资源虽然开采出来了,但在向外输出的过程中,生态补偿和所获得的利益并不对等,经济收益也不能补偿开采资源所造成的破坏,资源优势也没有转化为经济优势,短期的获益并不能带动贫困地区走出贫困,生态破坏反而会使贫困状况更为严重。[1]

经济社会方面,这方面的原因可以说是造成贫困的主要原因,也是目前多数学者重点关注的问题、国家解决贫困问题的主要入手点。这方面主要有收入分配问题、财政投入问题以及保障制度问题。众所周知,经济增长有助于减缓贫困,但收入分配不公反而会加剧贫困。富裕群体能够掌握更多的资源,在生产、教育、投资等各个方面都能掌握比贫困群体更多的信息,这些资源和信息能帮助他们充分利用自有资金进行进一步的生产和投资。贫困群体拥有的初始财富较少,又缺乏有效的致富渠道,即使进行生产和投资,所获利润也远小于富裕群体。如此下去只会让穷人更穷、富人更富,因此急需政府部门通过再分配进行调节,以减少贫富差距。

财政本应是缩小收入分配差距的重要工具,但我国财政发挥调节分配的作用仍有待提升。财政支出中用于教育、医疗、社保等民生方面的支出所占比重与西方发达国家相比仍有差距,根据《中国统计年鉴2018》中的数据,2017年中央和地方一般公共预算主要支出中,教育支出占14.85%,社保支出占12.12%,医疗支出占7.12%。[2] 此外民生方面的投入结构也不合理,教育支出中用于农村教育、义务教育的少,大部分都用于高等教育的硬件建设、软件投资;社会保障的财政投入中较大部分用于补贴社会保

---

[1] 段忠贤、黄其松,"要素禀赋、制度质量与区域贫困治理——基于中国省际面板数据的实证研究",《公共管理学报》,2017年第14期,第144—153页,第160页。

[2] 中华人民共和国国家统计局,《中国统计年鉴2018》。北京:中国统计出版社,2018年。

险基金，高收入群体获得了更多补贴，贫困群体受益不多；虽然国家每年都投入了大量资金用于改善贫困，但由于贫困资金来源广、管理层次多、参与部门多，在监管不到位的情况下，很多资金被挤占挪用，真正下发到贫困群体手中的资金已经大打折扣。[1]税收制度不健全是收入分配调控不到位的另一个重要原因。目前我国的纳税大户还是国有企业，私人的税收仍以增值税、消费税等流转税为主，重点并未转移到个人所得税上来，就很难做到均衡，也加剧了政府扶贫的资金负担。[2]

在保障制度方面，我国的保障制度建设并没有跟上经济发展的步伐，没有很好地发挥出应有的功能，虽然近几年有较大改进，但依然存在覆盖面不够、保障标准低等问题，一些贫困群体并不能得到很好的保障。从社会保障制度覆盖面看，仍然有大量的贫困人口没有被覆盖到。尤其是大城市有大量的外来务工人员，由于户籍制度问题，这类群体无法享受应有的医疗保险、失业保险和工伤保险等，很多时候相关的费用只能自己全额负担。从社会保障水平看，相对于经济弱势群体的收入，保障水平并不能很好地解决其负担。医疗保险的实际报销比例并不高，而且多数为患大病才能报销，而患者在患大病时使用的部分药物费用和治疗手段费用并不在报销范围内。社会保障也没有实现全国范围的均等化，贫困地区的保障水平低于经济富裕地区，有时甚至贫困人口所获保障比高收入人口还低。[3]

人文因素方面，贫困的成因也离不开贫困群体自身的因素。在基础教育方面，经济发达地区的教育资源更丰富，有着更多更为专业的技术培训机构，大部分群体的受教育水平能够达到高中及以上。然而在贫困地区，能够达到高中教育程度的贫困群体是少数，大部分人的受教育水平仅达到初中或是小学。人们想要学习一些专业技术只能到更大的镇或市，然而这

---

[1][3] 姜力，"收入分配视角下我国社会家庭贫困的成因分析"，《陕西师范大学学报（哲学社会科学版）》，2015年第44期，第5—12页。

[2] 姜玉姿，"试析我国贫困群体的成因及脱贫途径"，《理论探讨》，2005年第4期，第70—72页。

方面的学习费用是多数贫困群体负担不起的。没有足够的受教育水平、缺少专业的技能，也很难找到合适的谋生手段，完全依靠国家的低保、补贴等福利，让一些贫困群体形成了"等、靠、要"的惰性思想，想要改变贫困状况更是难上加难。而一些贫困群体的思维方式、价值观念、行为习惯都潜移默化地受到上一辈人的影响，相信"宿命"，安于现状。此外，一些贫困群体目光过于短浅，只在意短期利益，而畏惧长期投资。教育就是最好的例证，很多贫困家庭的父母忽视教育的长期收益，只看到当下教育的大量投入，认为及早结束子女的教育、让其走入社会分担家庭的经济负担才是更好的选择。如此代代相传，贫困群体的世界观、人生观、价值观并没有得到根本改变，更遑论脱贫致富。

3.2.3 基于PPP模式的脱贫减贫路径探讨

2016年11月，国务院印发的《"十三五"脱贫攻坚规划》（国发〔2016〕64号）中明确指出，要发挥政府投入主导作用，广泛动员社会资源，确保扶贫投入力度与脱贫攻坚任务相适应；推广政府与社会资本合作、政府购买服务、社会组织与企业合作等模式，建立健全招投标机制和绩效评估机制，充分发挥竞争机制对提高扶贫资金使用效率的作用，要构建政府、市场、社会协同推进的大扶贫开发格局。

从我国扶贫模式演进来看，PPP模式汇集开发式扶贫、参与式扶贫及精准扶贫的要求，更加注重发挥市场机制的作用且操作性不断增强，贫困治理的理念和条件逐渐成熟，能有效提高扶贫资金的使用效率。从政府责任的层面上讲，治理贫困是政府义不容辞的责任，PPP模式运用的必要条件之一是，政府在公共基础设施及服务的供给上负有责任，治理贫困具有提供公共产品和服务的性质。因此，在扶贫领域推广PPP模式是扶贫改革的重要方向。

第一，PPP模式作为公共产品新的供给模式，可以通过调动社会资本参与到基础设施的建设中来，有效缓解政府在扶贫方面的资金压力。目前，我国农村基础设施建设的水平远远不能满足广大农民生产生活的需要，距离建设社会主义新农村的目标还有很大差距，如果仅仅依靠财政投资，不能适应形势发展，也不符合市场经济的环境特点。运用多渠道的融资方式来为农村基础设施建设筹集财力，在经济较发达的沿海地区和中部某些地区，已首先具备了可能性。即使在经济欠发达的西部地区，也不应排除结合土特产基地、旅游资源项目开发等活动，在"招商引资"中，运用适当方式吸引社会资本参与相关基础设施投融资。PPP模式能为农村基础设施建设提供多渠道的融资模式：一方面可以利用社会资本的自有资本，另一方面可以通过社会资本向银行贷款等方式融到更多资金。

第二，社会力量所拥有的创新精神和管理经验、专业技术水平和专业人员、参与类似项目的经历都为基础设施的建设提供了保障，也为贫困地区补上了基础设施短缺的短板，同时政府和社会资本的合作也能将公共基础设施的建设转换为当地的新型产业，为贫困地区提供更多的就业机会、投资机会、发展机会，从而推动贫困地区脱贫致富。

第三，PPP模式助力减贫工作也可以缓释扶贫项目的风险。由于政府和社会资本几乎全程参与扶贫项目的建设，与以往由政府单独进行运作的模式相比，PPP模式下政府和社会资本可以相互监督、风险分担，极大地降低了项目的实施风险。

第四，农村基础设施和公用事业的经营管理效率低下是一个普遍现象，主要是由于责权不明晰所导致的。社会资本参与到项目建设中来，通过使用其掌握的更为高效的管理方法与技术，能够帮助缩短项目的建设周期、提高项目的效率，既保障了政府和社会资本的利益，又加快了扶贫工作的进程。

第五，PPP模式应用到减贫工作中，为政府、企业和贫困群体提供了一个多赢的机会。对于政府部门来说，PPP模式可以吸纳社会资金，缓解政府提供公共物品、进行扶贫建设的压力，减轻政府的财政负担；对于企业来说，PPP项目的合约期一般会超过十年，PPP为企业履行社会责任、提高自身影响力、实现可持续发展提供了一个稳定的舞台。对于贫困群体而言，项目的建设为其提供了就业机会，使其获得了谋生的手段，激发了其摆脱贫困的需求。政府、企业、贫困群体在合作中都能有所受益，整个项目的推进又有利于推进贫困地区的发展，实现精准扶贫的战略要求。

第六，采用 PPP 模式进行精准扶贫更有利于增强当地公共服务、激发社会资本活力。社会资本参与到 PPP 项目中，能够将其闲置的资金有效利用到公共服务中，社会资本为贫困群体服务，整体提升扶贫效率，进而更进一步推动我国经济发展。

3.3 服务国家整体战略布局的重要意义

习近平总书记曾于 2012 年说过：没有农村的小康，特别是没有贫困地区的小康，就没有全面建成小康社会。随着 2013 年《关于创新机制扎实推进农村扶贫开发工作的意见》（中办发〔2013〕25 号）和 2014 年《建立精准扶贫工作机制实施方案》（国开办发〔2014〕30 号）等顶层文件多次细化精准扶贫工作内容后，中共中央于 2015 年 11 月提出的《中共中央关于制定国民经济和社会发展第十三个五年规划的建议》，要求"充分发挥政治优势和制度优势，坚决打赢脱贫攻坚战"。同月，《中共中央国务院关于打赢脱贫攻坚战的决定》（中发〔2015〕34 号）首次提出"在扶贫开发中推广政府与社会资本合作、政府购买服务等模式"。中办、国办就落实《中共中央国务院关于打赢脱贫攻坚战的决定》制定了 10 个配套文件，32 个牵头部门和 77 个参与部门共出台 118 个政策文件或实施方案。各行业部门将扶贫内容纳入"十三五"行业专项规划优先安排。

2016 年 11 月，国务院印发的《"十三五"脱贫攻坚规划》中明确指出"充分发挥政府主导和市场机制作用，稳步提高贫困人口增收脱贫能力……形成有利于发挥各方面优势、全社会协同推进的大扶贫开发格局"。

在党的十九大首次提出乡村振兴战略后，2018年中央"一号文件"《中共中央 国务院关于实施乡村振兴战略的意见》（中发〔2018〕1号）指出，"建立健全实施乡村振兴战略财政投入保障制度，公共财政更大力度向'三农'倾斜，确保财政投入与乡村振兴目标任务相适应。……充分发挥财政资金的引导作用，撬动金融和社会资本更多投向乡村振兴"。

3.3.1 扶贫工作在全面建成小康社会阶段中的重要性

1979年12月6日，邓小平在会见日本首相大平正芳时首次提出"小康之家"这样一个"中国式的四个现代化"的全新概念。此后，他在领导中国特色社会主义现代化建设的实践中，反复论证，逐渐丰富了这一思想，形成了关于小康社会的理论，并在此基础上提出了"三步走"的发展战略。党的十八大报告明确提出，到2020年全面建成的小康社会，是发展改革成果真正惠及十几亿人口的小康社会，是经济、政治、文化、社会生态文明全面发展的小康社会。全面建成小康社会是中国特色社会主义的根本属性和必然要求，是为实现社会主义现代化建设宏伟目标和中华民族伟大复兴中国梦的小康社会，具体指标是到2020年国内生产总值和城乡居民人均收入比2010年翻一番。从"全面建设"到"全面建成"，体现了我们党坚持中国特色社会主义的坚定与自信，体现了中国特色社会主义在实践中不断发展。

当前我国已经进入全面建成小康社会的决胜阶段，处于承上启下时期。全面建成小康社会是实现中华民族伟大复兴中国梦的关键一步，在"四个全面"中，全面建成小康社会是处于引领地位的战略目标，如期实现全面建成小康社会事关中国梦的大格局，事关中华民族的伟大复兴。目前，我国还存在集中连片特殊困难地区14个、深度贫困县334个、深度贫困乡镇1 875个、深度贫困村30 038个、贫困人口3 046万，扶贫攻坚任务仍然十分艰巨。① 全面建成小康社会最艰巨、最繁重的任务在农村，特别是在贫困地区。没有农村贫困地区的小康，是不完整的小康。

深入推进扶贫开发是"五位一体"布局的内在要求。"五位一体"是一个有机整体，其中经济建设是根本，政治建设是保证，文化建设是灵魂，社会建设是条件，生态文明建设是基础。只有坚持"五位一体"建设全面推进、协调发展，才能形成经济富裕、政治民主、文化繁荣、社会公平、生态良好的发展格局，把我国建设成为富强、民主、文明、和谐的社会主义现代化国家。"五位一体"总布局的新提法大大丰富了原有的现代化理论体系，对应全国老百姓的经济、政治、社会、文化、生态五大权益。"五位一体"的每"一位"都与扶贫开发紧密相连，扶贫开发本身是经济建设的范畴且是"三农"工作的重中之重，而解决"三农"问题，必须大力缓解贫困问题。

从政治建设来看，保证人民当家做主是政治建设的根本。扶贫开发的主体是贫困居民，只有认真贯彻落实党在现阶段的纲领、路线、方针和政策，才能确保扶贫开发的正确方向，充分调动扶贫对象的积极性并发挥其主体作用，推进扶贫开发事业的向前发展。

从文化建设来看，扶贫文化是中国特色社会主义文化建设的重要内容，它既是物质扶贫的重要条件，也是提高扶贫对象思想觉悟和道德水平的重要条件。随着扶贫开发的不断深入，扶贫对象物质生活水平的逐步提高，他们的精神生活也越来越重要，因此物质扶贫与精神扶贫要一并抓，相互促进。

从社会建设来看，改善民生是社会建设的两个重点之一，扶贫开发又是最大的民生。政府要以保障和改善民生为重点，多谋民生之利，多解民

---

① 2018年3月7日，国务院扶贫办主任刘永富就回答"打好精准脱贫攻坚战"的相关问题时提到，国务院扶贫开发领导小组指导各省（自治区、直辖市）依据贫困发生率，综合考虑贫困人口规模、经济发展水平、脱贫难度等因素，确定了全国334个深度贫困县、1 875个深度贫困乡镇、30 038个深度贫困村。

生之忧，加快健全基本公共服务体系，加强和创新社会管理，推动和谐社会建设。

从生态文明建设来看，一般来说，扶贫开发地区都处于深山区、高原区，许多地方属于国家主体功能区规划的"限制开发区域和禁止开发区域"，也正因为如此，扶贫开发在生态文明建设中处于重要地位，意义更为重大。贫困地区要通过生态文明建设，在实现当代人利益的同时，给自然留下更多修复空间，给农业留下更多良田，给子孙后代留下天蓝、地绿、水净的美好家园。

3.3.2 扶贫工作为全球减贫治理提供了"中国方案"

十八大以来，在党中央、国务院的坚强领导下，国务院扶贫开发领导小组统筹协调、督促落实，各地区、各部门齐抓共管，密切配合，社会各界积极参与、合力攻坚，脱贫攻坚成绩显著，农村贫困人口持续大规模减少。2013—2016年，农村贫困人口年均减少1 391万人，累计脱贫5 564万人；贫困发生率从2012年年底的10.2%下降至2016年年底的4.5%，下降5.7个百分点。农村贫困人口的大规模减少，为如期全面建成小康社会打下了坚实的基础。贫困人口生存发展权益得到了有效保障。2012年以来，国家累计安排中央预算资金404亿元，地方各级统筹中央和省级财政专项扶贫资金380亿元，搬迁贫困人口591万人，有效拓展了农村贫困人口的发展空间，加快了搬迁群众脱贫致富的步伐。可以预料到2020年我国现行标准下的农村贫困人口全部脱贫，意味着我国绝对贫困问题得到历史性解决，我国将提前10年实现联合国2030年可持续发展议程确定的减贫目标，继续走在全球减贫事业的前列。

习近平总书记把我国脱贫攻坚的成功经验精辟概括为：加强领导是根本，把握精准是要义，增加投入是保障，各方参与是合力，群众参与是基础。这些经验实质上就是一整套经过实践检验的减贫治理体系，这将为全球更有效地进行减贫治理提供"中国方案"。

3.3.3 PPP模式有利于推进脱贫攻坚战略的实施

2016年11月，国务院印发的《"十三五"脱贫攻坚规划》中明确提出"构建政府、市场、社会协同推进的大扶贫开发格局"。

PPP扶贫模式是PPP模式在扶贫领域的具体应用，其特征源自扶贫领域的特点。贫困治理的实质性内容是地方经济社会的发展，扶贫项目的供给不仅要满足贫困地区及贫困人口对公共产品和服务的生活需求，更重要的是满足他们的生产发展需求。贫困地区在交通、水利、电力、教育、医疗卫生、生态环境、产业发展以及其他民生工程等领域都迫切需要改善，在项目和资金安排等方面都非常欠缺，扶贫攻坚形势异常严峻。习近平总书记多次强调的"六个精准"要求在扶持对象、项目安排、资金使用、脱贫成效等方面要精准，而PPP模式可以契合"精准扶贫、精准脱贫"的要求，重点在针对贫困地区、贫困村和贫困人口的扶贫项目实施中引入PPP模式，从而在财政资金安排及社会资本的引入上重点向贫困地区、贫困村和贫困人口倾斜，鼓励社会资本参与到精准扶贫、精准脱贫中来。如山西省吕梁市临县和岚县政府的PPP项目通过中国科协的搭桥牵线，成功与中国马铃薯网开展合作，由中国科协下拨扶贫资金并提供技术支持和培训，县政府则组织贫困群体种植马铃薯，并由中国马铃薯网在线负责采购并经专用账户支付采购资金，极大地调动了贫困群体的积极性并成功实现脱贫。[①]

3.4 促进体制机制改革的积极意义

改革开放40年来，我国高度重视扶贫工作，设立专门扶贫机构，大力开展扶贫开发，走出了一条中国特色扶贫开发道路，成效举世瞩目。同时

---

① 崔丽，"中国科协吕梁精准扶贫引入'PPP'模式"，《农民日报》，2016年5月18日。

也应看到，一些贫困地区过度依赖外力，将扶贫看作一项福利，理解为给钱给物，其贫困状况虽然短期内得到改善，但很容易反弹。作为扶贫的主导力量，政府既要积极引导社会力量投入脱贫攻坚，又要大力激发贫困地区、贫困群众脱贫的内生动力。

通过PPP模式来发展扶贫，能够充分发挥市场作用，激活贫困地区沉睡的资源。我国很多地方的贫困是由生产生活条件困难造成的。对于个体贫困，可以通过帮扶较快地改变其贫困状况，但这种改变更多的是济困；从根本上改变区域性普遍贫困，重要的是改变造成贫困的生产生活条件。在现代社会，市场是资源配置的决定性力量。从总体上看，距市场越近的地方，距贫困越远。贫困地区青壮年劳动力大量外流，可以说就是在寻找距离市场更近的地方，让劳动力实现更大价值。贫困群体之所以集中在山区农村，一个重要的原因就是那里距离市场较远，资源得不到有效开发和利用，有些自然资源特别丰富的地方存在"富饶的贫困"。交通、信息条件的改善，可以迅速缩短贫困地区与市场的距离。比如，近年来兴起的电商就在偏远地区与市场之间架起一座座桥梁，打开了农村各类产品的销路，激活了贫困地区的内生动力，促进不少地方实现了自我脱贫。

通过PPP模式来发展扶贫，可以改善基层治理、激发贫困地区的内在活力。贫困是一种可逆状态，通过外力可以较快改变贫困状况，但仅仅依靠外力又会强化依赖性，从而弱化贫困地区的内生动力与活力。外力一旦改变，贫困地区很快就会返贫。要解决这一问题，关键是找准路子，实施精准扶贫、精准脱贫。但精准扶贫是一项比较复杂的工作，只有切实提高基层治理水平才能做好，进而激发贫困地区的内在活力，主要措施一是选好带头人，提高基层治理能力。越贫困的地方，人才外流越严重，优秀基层干部越少。对此，除了外派干部，还需充分挖掘和培养乡村各方面人才，选好带头羊、用好干部。二是寻求最佳治理支点，完善基层治理体系。与城市贫困个体化不同，农村贫困往往表现为群体化贫困，即因同样的生产生活条件造成的整体贫困。这就需要通过完善基层治理、激活群体的力量来共同脱贫。

PPP模式为贫困地区破解资金缺口与财政压力的矛盾提供了有效途径。投资是地区经济增长的重要动力，贫困地区更不例外。总体来看，贫困地区普遍面临基础设施落后、基本服务供给不足、市场发育水平低、产业发展滞后、观念守旧、就业增收困难等一系列瓶颈制约。破除制约、补齐短板需要巨量资本投入带动，而现实情况是贫困地区财力薄弱，中央及地方支出规模相对于资金需求无异于杯水车薪。贫困地区过度依赖财政扶贫资金，一方面财政无力全部承担，另一方面不利于贫困地区的可持续发展。因此，需要充分发挥政府、市场和社会协同作用，发挥社会资本优势，弥补财政扶贫资金缺口，同时汇聚资金、政策、资源、科技、管理、劳动力等一切要素，形成脱贫攻坚的强大合力。这些正是PPP模式的优势所在。采用PPP模式有助于创新融资方式、加快投融资体制改革、充分发挥财政资金的杠杆作用、撬动社会资本参与投资，有助于减少财政支出压力、提高资金使用效率、增加有效供给，同时激发市场活力。

PPP模式的发展为推进脱贫攻坚提供了有益借鉴，推动了扶贫开发探索和实践。2013年以来，我国政府出台了一系列相关政策，大力推行PPP模式，PPP项目在市政工程、交通运输、生态环保、农业、旅游等诸多领域获得迅猛发展。近年来，为破解资金需求与财政困难的现实问题，依托PPP模式的内在机制优势，一些地区在扶贫开发中开始探索并推广PPP模式并取得了初步成效。在易地扶贫搬迁方面，一些地区的政府联合社会资本，通过建设大型多功能综合社区安置贫困群体，并通过发展社区服务业推进脱贫增收，同时提升基本公共服务水平；在产业扶贫方面，一些地区通过土地流转与合作经营方式发展特色种养殖业，还有一些地区立足本地旅游资源优势，引入相关社会资本参与发展乡村旅游业，增加贫困地区和人群的资产收益。

贫困地区一般地处边远山区，交通落后，自然条件较差，经济发展水平和自我发展能力严重偏低。政府所提供的各类公共产品和服务严重不足,难以满足贫困地区公共产品和服务建设发展的需要。贫困地区传统的公共产品和服务仍主要以政府的供给为主,社会力量参与贫困地区公共产品和服务存在较大不足,并且社会资本进入贫困地区开展公共服务的门槛也较高,尤其是公用事业费缴纳的标准仍较高,不利于推进社会资本进入公共服务领域。[①] 政府通过引入PPP模式,合理放宽社会资本进入贫困地区公共服务领域,可以发挥财政资金对社会资本的引导作用,鼓励社会资本通过参股、合资、独资等形式投资到贫困地区的公共产品和服务建设中来,不断完善贫困地区的公共产品和服务供应体系,加快推进贫困地区公共服务均等化。

近年来的一些相关政策如下:

(1)《国务院关于印发"十三五"脱贫攻坚规划的通知》(国发〔2016〕64号)要求"扶贫资源动员机制。发挥政府投入主导作用,广泛动员社会资源,确保扶贫投入力度与脱贫攻坚任务相适应。推广政府与社会资本合作、政府购买服务、社会组织与企业合作等模式,建立健全招投标机制和绩效评估机制,充分发挥竞争机制对提高扶贫资金使用效率的作用"。

(2)国家发展改革委、农业部印发《关于推进农业领域政府和社会资本合作的指导意见》(发改农经〔2016〕2574号)要求"充分发挥市场在资源配置中的决定性作用和更好地发挥政府作用,健全配套政策体系,创新农业基础设施建设投入体制机制,大力推进农业领域政府和社会资本合作(PPP),提升农业投资整体效率与效益,为加快农业现代化提供有力支撑"。

(3)《关于创新农村基础设施投融资体制机制的指导意见》(国办发〔2017〕17号)指出"建立政府和社会资本合作机制。支持各地通过政府和社会资本合作模式,引导社会资本投向农村基础设施领域"。

[①] 肖蒙,"我国贫困地区公共文化服务体系建设研究",山东财经大学硕士学位论文,2016年。

(4)《全国农村环境综合整治"十三五"规划》(环水体〔2017〕18号)指出"鼓励社会资本投入。通过政府购买服务、政府和社会资本合作(PPP)等形式,推动市场主体加大对农村生活垃圾、污水收集处理等设施建设和运行维护的投入。引入竞争机制和以效付费制度,合理确定建设成本和运行维护价格"。

(5)《中央财政专项扶贫资金管理办法》(财农〔2017〕8号)要求"探索推广政府和社会资本合作、政府购买服务、资产收益扶贫等机制,撬动更多金融资本、社会帮扶资金参与脱贫攻坚"。

(6)《关于深入推进农业供给侧结构性改革实施意见》(发改农经〔2017〕452号)要求"落实《国务院办公厅关于创新农村基础设施投融资体制机制的指导意见》,着力构建农村基础设施多元化投融资新格局,完善农村基础设施建设管护新机制,引导社会资本投入'三农'领域。健全政府和社会资本合作机制,完成重大水利工程第一批12个PPP项目试点,制定印发政府和社会资本合作建设重大水利工程操作指南,启动农业和林业领域PPP试点,积极利用开发性和政策性金融推进林业生态建设。鼓励社会资本以特许经营、参股控股等多种形式参与农林水利等项目建设运营,探索通过股权债权融资、资产证券化等多种方式拓宽农业融资渠道,支持符合条件的涉农企业发行企业债券募集资金用于现代农业项目建设"。

(7)《关于做好2017年中央财政农业生产发展等项目实施工作的通知》(农财发〔2017〕11号)指出"提高资金使用效益。围绕重点任务统筹资金使用,进一步优化资源配置和支出结构。正确处理好政府与市场、中央与地方的关系,把准政策调控引导的力度、节奏、时机,在强化中央统筹的基础上充分发挥地方的自主性;完善资金使用管理机制,建立健全绩效评价制度,实现'花钱必问效、无效必问责';充分发挥财政资金引领作用,通过PPP、政府购买服务、贷款贴息等方式,撬动更多金融和社会资本投入现代农业建设"。

(8)《关于深入推进农业领域政府和社会资本合作的实施意见》(财金〔2017〕50号)要求"适应把握引领经济发展新常态,以加大农业领域PPP模式推广应用为主线,优化农业资金投入方式,加快农业产业结构调整,改善农业公共服务供给,切实推动农业供给侧结构性改革"。

(9)《开展农村综合性改革试点试验实施方案》(财农〔2017〕53号)要求"各级财政部门考虑试点范围、试点内容、工作进度等因素,采取资金整合、以奖代补、政府与社会资本合作等方式,统筹相关资金支持试点试验工作"。

(10)《农村人居环境整治三年行动方案》指出"调动社会力量积极参与。鼓励各类企业积极参与农村人居环境整治项目。规范推广政府和社会资本合作(PPP)模式,通过特许经营等方式吸引社会资本参与农村垃圾污水处理项目"。

(11)《关于打赢脱贫攻坚战三年行动的指导意见》提出要"激励各类企业、社会组织扶贫"。

(12)《乡村振兴战略规划(2018—2022年)》提出要"引导和撬动社会资本投向农村"。

(13)《关于保持基础设施领域补短板力度的指导意见》(国办发〔2018〕101号)"规范有序推进政府和社会资本合作(PPP)项目"。

3.5 实现我国脱贫攻坚目标的有效工具

3.5.1 脱贫减贫的一种创新工具

从微观角度来看,PPP模式是一种创新融资手段。2008年经济危机后,中央释放4万亿元流动性,有不少需地方配套,但由于地方财政收入有限、为避免经济遭受过大冲击、预算法对地方发债的限制、各类项目快速上马等原因,地方资金缺口日益扩大。在这一背景下,2009年3月,中国人民银行、中国银监会（现中国银保监会）联合发文"支持有条件的地方政府组建投融资平台"，自此融资平台受到地方热捧。地方政府融资平台的迅速发展直接导致了地方政府"第二财政"的产生和债务总量的膨胀。在盲目追求经济增速和政绩工程的导向下，地方政府融资平台过度融资所导致的债务风险已成为各级地方政府的"达摩克利斯之剑"。2014年10月，国务院发布《国务院关于加强地方政府性债务管理的意见》（国发〔2014〕43号）开始严控地方政府债务，并明确地方政府新增基础设施建设举债只能通过发行债券或采用PPP模式。

随着PPP模式在全国不断发展，据财政部建立的全国PPP综合信息平台统计，截至2018年第三季度，管理库累计项目数8 289个、投资额12.3万亿元。通过PPP模式来扶贫，能解决投融资领域政府"越位"和"缺位"的问题，加快政府职能转变，使其从全能政府转变为有限政府、法治政府和高效政府。PPP项目具有融资规模大、项目周期长、风险收益匹配难等特点，在PPP项目全生命周期的不同阶段，现金流的特点和风险收益也各有不同，需要匹配不同性质的资本，采取不同的融资方式进行融资。这改变了传统单一的银行贷款模式，向全生命周期、绩效管理导向的系统化、多样化的综合融资模式转变。

PPP扶贫模式一方面解决了地方政府资金短缺的难题，政府部门把有限的资金作为"引子钱"来拉动社会资金和民间资本，让民间资本更活跃地发挥作用，与社会资本形成合力，有效解决了资金紧张的问题。另一方面，通过PPP扶贫模式可以提高扶贫项目效率，实现单位投入所得产出最大化，少花钱、多办事、办好事；将评价项目好坏的指标体系从货币衡量延展至非货币衡量，从经济领域延展至政治、社会、文化、环境等各领域；实现了扶贫项目可持续性，将物有所值贯穿于PPP全生命周期，识别阶段和准备阶段作为政府决策是否参与PPP模式的依据，采购阶段作为考核社会资本能力的重要指标，执行阶段和移交阶段作为一种事后评估用以反馈和总结，形成 PPP 项目管理的完整闭环；实现我国扶贫工作以人为本、扶贫项目物有所值。

3.5.2 PPP 扶贫项目物有所值

2017 年我国政府的采购规模较 2002 年的 1 009 亿元有了大幅增长，占财政支出的比重达 12.2%。但与国际上比较成熟的政府采购制度相比，我国的政府采购制度还有较大的改进空间，主要表现为"效率"与"规范"的目标远未实现，扶持政策与公平竞争原则难以平衡、高价采购与低价竞争的现象并存、公共部门采购从业人员的素质与采购专业化要求不相匹配，没有实现政府采购项目的物有所值。

物有所值（Value for Money，VFM），是指一个组织运用其可利用资源所能获得的长期最大利益。VFM 评价是国际上普遍采用的一种传统上由政府提供的公共产品和服务可否运用政府和社会资本合作模式的评估体系，旨在实现公共资源配置利用效率最大化，是国际通用的决定是否采用 PPP 模式的一种决策工具。

在项目入门的识别阶段，VFM 就用来评价一个项目是否要采用 PPP 模式。按照财政部的口径，物有所值论证是对同一个项目来说，政府采用传统体制为项目付出代价总和与采用 PPP 模式付出代价总和的差值，如果 VFM 大于零，则 PPP 模式在财务上可行，否则不可行。

目前 PPP 项目涵盖的一级行业目录中共包含 19 大门类。截至 2018 年上半年，我国集中连片特困地区 PPP 项目 VFM 排名前五的行业分别为市政工程（VFM：799 954）、城镇综合开发（VFM：562 976）、生态建设和环境保护（VFM：375 676）、旅游（VFM：289 349）、水利建设（VFM：130 208）（见图 3-7），市政工程、城镇综合开发、生态建设和环境保护项目由其自身性质就决定了其每个项目的体量，通过物有所值定量评价情况来看，这与项目本身的情况相一致。

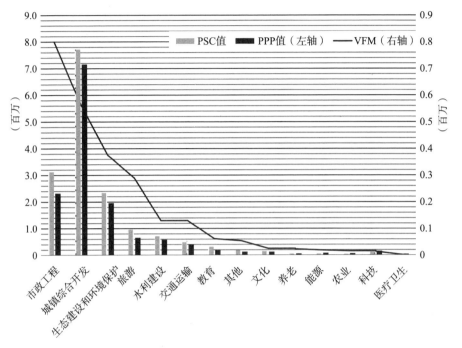

图 3-7 集中连片特困地区 PPP 项目物有所值情况（分行业）

特困集中连片区 PPP 项目物有所值从地域分布情况来看，VFM 值排名前五的省份分别为贵州（VFM：541 159）、云南（VFM：407 110）、河北（VFM：348 071）、湖南（VFM：305 472）、河南（VFM：201 927）（见图 3-8）。

特困集中连片区 PPP 项目从参与主体情况来看，国有独资或控股企业参与了其中 21% 的项目，VFM 平均值为 11 211；民营独资企业参与了其中 13% 的项目，VFM 平均值为 13 585；民营控股企业参与了其中 44% 的项目，VFM 平均值为 28 307；外商控股企业参与了其中 1% 的项目，VFM 平均值为 84 835；国企、民营联合体等其他类别企业参与了 21% 的项目，VFM 平均值为 23 215（见图 3-9）。

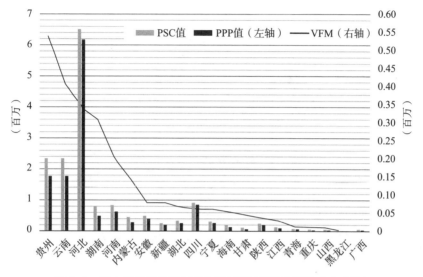

图 3-8　集中连片特困地区 PPP 项目物有所值情况（分省份）

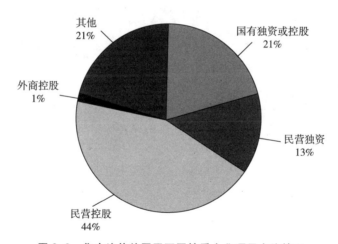

图 3-9　集中连片特困区不同性质企业项目占比情况

特困集中连片区 PPP 项目物有所值从项目本身回报机制来看，72%的项目回报机制为可行性缺口补助，VFM 平均值为 20 080；16%的项目汇报机制为使用者付费，VFM 平均值为 13 027；12%的项目为政府付费，VFM 平均值为 30 993（见图 3-10）。

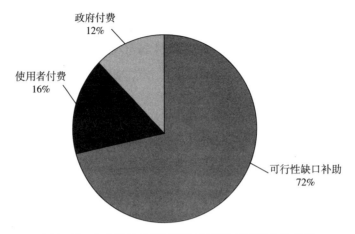

图 3-10 集中连片特困区不同回报机制项目占比情况

第4章 PPP支持脱贫减贫中的核心问题

4.1 扶贫PPP项目吸引力低的问题

4.1.1 扶贫PPP项目实施现状

当前,我国扶贫工作的开展主要以政府为主导,采取自上而下的单向度扶贫模式。政府先后出台《"十三五"脱贫攻坚规划》《关于创新农村基础设施投融资体制机制的指导意见》等文件,鼓励通过PPP措施健全农村基础设施建设投入长效机制,支持农村脱贫减贫工作。

尽管有政策上的大力支持,但实践中,社会资本参与积极性并不高,存在"政府热、社会弱、市场冷"的现象。根据财政部PPP中心2018年第3期季报显示,2018年9月末,865个落地示范项目中,市政工程类380个,占43.9%;交通运输类87个,占10.1%;生态建设和环境保护类83个,占9.6%;其他各类共315个,占36.4%。其中,农业类落地示范项目仅7个,占总数的0.8%。

从横向视角来看,已开展PPP项目的贫困县也存在不均衡、不协调的情况。根据财政部PPP中心2017年全国PPP综合信息平台项目库第9期季报显示,国家扶贫开发工作重点县和14个集中连片特殊困难地区的680个县(共832个,以下统称为"贫困县")中,394个贫困县已探索运用

PPP模式支持脱贫攻坚，且有项目进入管理库，占贫困县总数的47.4%。安徽、内蒙古、湖南有PPP项目的贫困县个数占当地贫困县总数的比例排名前三，分别为100.0%、87.1%、80.0%。与之相对，西藏、黑龙江、甘肃、广西等地已开展PPP项目的贫困县较少，分别仅有0、15%、17.2%、20%（见图4-1）。

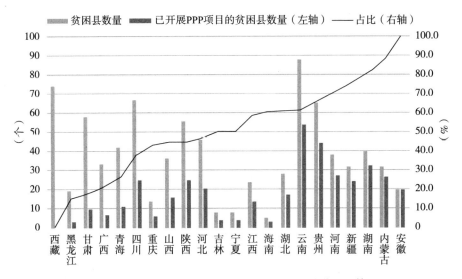

图4-1 各省份贫困县数与已开展PPP项目的贫困县情况

4.1.2 社会资本参与积极性不高的原因

资本具有天然的逐利性，社会资本在投资过程中更关注收益性与风险的匹配，市场化程度更高。我们根据已有调研，总结原因，扶贫PPP项目对社会资本的吸引力较低主要受到以下因素影响：

（1）扶贫PPP项目周期长、收益低，对社会资本缺乏吸引力。社会资本"重建设、轻运营""重利润、轻公益"，而PPP扶贫项目往往带有公益性，收益较低，且项目的合作时间普遍较长，项目在实施过程中不确定性和风险较大。从经济学理性经济人的视角出发，社会资本的逐利本性使其在公共项目的选择上挑肥拣瘦，社会资本进入贫困治理领域的积极性不高。实际操作中,受这种传统投资模式的影响,社会资本往往倾向于通过行政合作先拿下项目,短期内收回投资和收益,而未对运营、经营、维护等阶段给予足够的重视。随着时间的推移,后期运营中的矛盾逐渐显现出来。很多 PPP 项目虽然实施了,但贫困县依然贫困。

(2) 农村产业基础薄弱、基础设施落后。贫困地区的经济社会发展水平较为落后,基础设施及产业发展配套条件薄弱。2017 年 2 月,国务院办公厅印发《关于创新农村基础设施投融资体制机制的指导意见》(国办发〔2107〕17 号)(以下简称《意见》),部署创新农村基础设施投融资体制机制,加快农村基础设施建设步伐。《意见》同时提出通过建立政府和社会资本合作(PPP)机制等措施,健全农村基础设施建设投入长效机制。近年来,我国农村道路、供水、污水垃圾处理、供电和电信等基础设施建设步伐不断加快,人们的生产生活条件逐步改善,但由于资金投入不足、融资渠道不畅、教育水平较低等原因,农村基础设施总体上仍比较薄弱。实际操作中,农村的环境相对复杂,单纯的理论研究往往难以满足实际建设的需要,项目的实行在很大程度上受到了限制。

(3) 相关法律制度不完善。良法是善治的前提,法律制度完善与否关系着 PPP 项目能否顺利实行。但目前我国 PPP 法律制度规范仍需完善,具体来说,一是缺乏 PPP 上位法,难以对 PPP 全生命周期和各相关方的责权利进行系统规范。二是目前有关 PPP 的法规多由部门和地方制定,层次较低、效力不高、权威性和适用性不足,无法解决 PPP 项目实施中出现的问题,增加了部门协调难度。三是当前部分法律法规存在冲突,造成法与法的"打架"现象,政府内部无法形成合力。实践中,在国家发展改革委和财政部出台的不少政策文件中,存在不一致甚至相冲突的情况,导致地方在执行时无所适从,给实际操作带来困惑。

4.1.3 未来发展方向

我国扶贫 PPP 项目未来的发展方向如下:

（1）更好地发挥政府的主导作用。国务院在《"十三五"脱贫攻坚规划》中提出"发挥政府投入主导作用，广泛动员社会资源，确保扶贫投入力度与脱贫攻坚任务相适应。推广政府与社会资本合作、政府购买服务、社会组织与企业合作等模式，建立健全招投标机制和绩效评估机制，充分发挥竞争机制对提高扶贫资金使用效率的作用""在扶贫开发中推广政府与社会资本合作、政府购买服务等模式""支持社会组织通过公开竞争等方式，积极参加政府面向社会购买扶贫服务工作"。

政府搭台，社会资本唱戏。政府部门负有治理贫困的责任，在PPP扶贫模式下，政府职能部门应发挥主导作用，加强对社会资本的引导、监督和指导，依据市场成熟度和当地具体情况，引导社会资本采取合理的PPP合作模式。首先，根据地方贫困治理及项目实施的实际情况，成立相应的工作中心或领导小组，并配备相应的技术工作人员，同时通过制订相关PPP项目培训规划，整合有关PPP项目培训资源，有针对性、选择性地开展专题培训，以培养出一批高端、复合型的技术人才，从而更好地推进PPP精准扶贫项目的推广。其次，发挥好专家智库的作用，为PPP模式支持脱贫减贫贡献智慧和力量。最后，在扶贫PPP项目的实行过程中，政府部门应起到"润滑剂"的作用，充分衔接社会资本与贫困群体，为项目的顺利实行提供必要的协助。

（2）衔接政企农三方资源，实现共赢。企业追求利益最大化的特性，使其在实行扶贫项目时缺乏积极性，因而建立起利益共享机制至关重要。利益共享机制可以简单地解读为"公私合作、利益共享、风险分担"的长效经营管理机制。以青岛昌盛日电公司"光伏+农业"的新型农机结合发展模式为例，当地政府出台政策，将农民闲置或废弃的土地出售或者出租给昌盛日电公司，昌盛日电公司在政策推行时间范围内，获得当地政府许可的通过融资建设、购买或租赁的当地特定土地使用权，从而建设其光伏农业产业园——华盛绿能，以获得企业利润的最大化，拓宽企业方的利益面。同时，企业除租赁土地外，还为贫困农户提供工作岗位、向有意愿的农户出包大棚、鼓励农民自主创业。昌盛日电公司整合多方资源采取 PPP 模式打造"光伏农业综合体"新范式，打破了传统政府"漫灌式"的粗放输血式扶贫方式以及效率低下的农民"自救式"主动脱贫方式，有助于实现政企农三方共赢。

（3）精准扶贫，产业扶贫。古语有云："授人以鱼，不如授人以渔。" PPP 模式在产业扶贫方面具有显著优势，国务院在《"十三五"脱贫攻坚规划》中，指出规划领域包括产业发展脱贫、转移就业脱贫、易地搬迁脱贫、生态保护扶贫等，明确提出要提升贫困地区区域发展能力。

利用贫困地区特色资源比较优势，工商资本进入农林、旅游、电商等领域，有利于形成产业发展基础甚至产业发展集群。在精准扶贫的国家战略下，产业扶贫被赋予了新的内涵，承担起为贫困群体"造血"的功能，成为精准扶贫的核心。据此，有学者将"精准扶贫，产业扶贫"概括为"精准产业扶贫"。"精准产业扶贫"的实质即政府、企业、农民多主体协同，将扶贫主体的优势生产要素与当地特色产业紧密结合起来，加强贫困人口技能培训，提升贫困地区自我"造血"能力。如此，农民才真正有可能摆脱贫困。

4.2 贫困地区 PPP 项目风险问题

4.2.1 贫困地区 PPP 项目面临的风险点分析

PPP 项目风险是指在 PPP 项目的全生命期各个阶段发生的不确定性对项目目标产生的影响。尽管 PPP 模式作为一种可行的项目投融资模式，可以为贫困地区的脱贫减贫带来大量的资金、人员、先进技术和理念，但是 PPP 模式在贫困地区各领域的推广和应用仍面临不少困难和挑战。由于受到贫困地区经济发展水平低下、市场信息不透明、政策制度和人员能力匮乏、地理环境复杂等因素影响，由此产生的项目风险制约着 PPP 模式在贫困地区中的应用。

（1）扶贫项目定位同质化。在各地都积极发展产业扶贫项目的情况下，容易出现产业跟风带来的同质化低效竞争，尤其在种植业和养殖业，相似产业蕴含供过于求的风险。如果出现供给过剩，贫困群体将是首批受害者，扶贫效果的可持续性受到影响，尤其是远离都市圈的偏远地区对市场信息反馈慢、产品销售成本高，解决"增收"问题的难度更大。

（2）政策审批与变动风险。由于PPP项目会受到国家政府政策因素的影响，是一种宏观风险。精准扶贫战略实施过程中，存在很多涉及民生相关的基础设施建设项目，需要在政府部门政策允许的范围内逐级审批，程序较为复杂，必然会出现一些不可抗因素导致项目难以通过审核，比如较敏感土地使用权转让、生态环境保护等风险，同时制度与相关政策修改、行政管理手段变化等也可能导致出现政策变动的风险。

（3）信用风险。从不同PPP项目融资渠道的差异可以看出，信用风险的高低直接决定了PPP项目能否顺利融资落地。信用风险主要包含地方政府和社会资本双方。一方面，一些贫困地区的地方政府可能由于契约意识薄弱、领导人变更、工作人员缺乏责任心等原因导致扶贫PPP项目出现违约情况发生。另一方面，社会资本参与PPP项目全生命周期的各个阶段，而社会资本具有一定逐利性，在项目某一阶段通过成本与收益核算，发现无利可图甚至出现亏损时，可能会出现撤资的风险。

（4）项目建设风险。项目建设风险主要包含土地流转风险和施工中技术变更风险。对于土地流转风险，贫困地区的基础设施建设外部制约因素多，容易造成土地的拆迁难度较大、征地补偿定价不合理等问题，这些对项目的顺利推进都将产生较大影响；对于施工中的技术变更风险，由于基础设施类的PPP项目工期较长且要求严格，而部分贫困地区位置偏僻、地理环境复杂甚至自然灾害多发，容易导致项目的施工技术变更存在很多不确定因素，如果涉及设计的变更，必然会影响到项目建设。

4.2.2 风险产生的原因

贫困地区 PPP 项目产生风险的原因主要有：

（1）脱离贫困地区现状与群众需求。产业扶贫是增强贫困地区"造血"功能的根本之策，部分地区贫困程度深、成因复杂，因此精准定位存在一定难度。如果不能深入分析贫困地区现状、满足贫困群众急迫需求、合理安排扶贫项目，极易导致扶贫项目对贫困地区和贫困群体的带动作用减弱，使扶贫流于形式。目前我国的农产品供给能力很强，凡是市场需求旺盛的产品，都容易诱发大量农户响应价格调节，增加市场供给，最终供过于求，以至于不断出现价格与供给的市场波动，导致农户利益受损。

（2）未厘清公私合作目标导向，缺乏利益约束机制。由于贫困地区脱贫减贫具有基础性、外部性和公益性等特点，对区域经济发展和群众生活水平提高具有重要影响，地方政府在推行 PPP 项目的过程中会较多地考虑社会公共利益目标，而社会资本主要追求利润最大化，因此双方在脱贫减贫过程中会存在目标导向差异，难免出现风险分配不均而产生利益冲突。而公私合作的最终目标是在精准扶贫中实现公共资源配置的最优化和公共福利最大化。利益共享是凝聚公私合作意识、吸纳社会资本参与农村贫困治理的原始动因，风险分担理念则是对公私部门合作的特色和存在的优势做出的最佳解释，也是公私部门合作替代传统政府提供模式最充分的理由。

（3）缺乏软环境建设，基层人员能力欠缺。贫困地区推行 PPP 模式意愿强烈，然而有些地方政府对 PPP 模式认识不充分，决策程序不规范，容易出现盲目安排项目上马等决策失误的情况，同时由于市场信息不透明，地方保护主义盛行，部分基层扶贫干部 PPP 项目运作经验能力不足、责任缺失，导致扶贫 PPP 项目实施过程中发生不规范现象，增加了项目风险，严重影响了公共产品和服务的供给，削弱了脱贫减贫的效果。

4.2.3 未来发展方向

风险管理是贫困地区实施 PPP 项目不可忽略的一项核心工作内容，政府需要依据贫困地区的实际情况为社会资本构造一种合理的、持续的、风险可控的和可操作的投资合作机制，充分发挥财政资金对社会资本的引导和投资保障作用，并为社会资本的进入创造一种良好的政策和服务环境。

（1）提高扶贫项目的精准定位，打造有代表性的示范项目。政府应特别关注贫困地区的区域特征与帮扶需求的差异性，利用市场化机制实施差异化和有针对性的扶贫政策与措施，确保贫困群体生活质量的改善：一是结合贫困地区的资源条件、优势及其面临的实际问题，有选择性地开发一批财务边界清晰、具有一定盈利能力的公用事业项目，充分发挥社会力量与市场机制在扶贫工作中的积极"造血"作用，把项目收益与贫困群体的自我能力提升、收入增加及脱贫紧密结合，让项目真正用于最需要帮扶的地区和人群，确保"真扶贫"和"扶真贫"，使 PPP 模式在精准扶贫方面的潜在功用得到充分发挥。二是针对基础设施、公共服务、扶贫产业等重点扶贫领域，筛选一批有代表性的扶贫项目，积极推进贫困地区 PPP 扶贫示范项目的建设，强化项目的信息化发布和宣传推广，充分发挥其示范带动效应，推动更多的 PPP 扶贫项目在贫困地区落地实施。

（2）完善制度建设，推行支持贫困地区 PPP 发展政策细则。由于贫困地区的 PPP 项目具有长期性、资本密集性、参与方复杂性特征，因此政策的持续性和稳定性对项目至关重要。完善的制度包括有效的政策细则、优化的行程审批流程、信息公开、市场激励等重要因素，为社会资本提供充分的利益保障，又为合同的可执行性提供有效依据，能有效激发社会资本参与扶贫 PPP 项目的积极性，对于贫困地区推行 PPP 项目至关重要。

（3）建立完善项目参与各方之间的利益约束机制。PPP 项目是在各方自愿的基础上开展实施的，政府和社会资本应在平等互利的基础上制定利益分配和约束机制，政府以帮助贫困群体脱贫为首要目标，社会资本以获得合理投资收益的同时践行社会责任为目标，双方共同向贫困地区的人们提供公共产品和服务，同时带动贫困地区经济发展。为实现公共利益的最大化，在贫困地区推行PPP项目需要更加规范项目合同，在项目安排上可通过成立第三方监管机构协调各方利益，进行公平和公正的判断，形成专业监管为主、社会监督为辅的监督管理机制，充分保障地方政府和社会资本的权益。

（4）加强能力建设，培养基层专业人员。政府通过对贫困地区PPP项目相关工作人员进行全方位和多层次的培训，使其能够熟悉掌握项目的相关运行特点、操作规程及要点。同时，政府通过制订相关规划，整合有关资源，有针对性地开展专题培训，培养出一批懂实操、懂技术的专业人才，从而更好地推进PPP精准扶贫。此外，政府应加强贫困地区PPP项目专家人才库的建设，这样将有利于对PPP脱贫减贫项目的指导，提升项目实施质量和水平。

（5）引入PPP模式专业团队。PPP经过四年多的发展，已经形成一批具有强大资金、专业技术和丰富管理经验的社会资本，政府可通过一定政策支持，鼓励这一类社会资本更多地参与到扶贫PPP项目中，通过其专业的设计和管理，可以有效地规避PPP项目运行过程中的风险，使得扶贫PPP项目实施在契合当地实际情况的基础上，统筹好经济效益、社会效益、环境效益，提升脱贫减贫效率。

4.3 绩效考核机制与贫困地区特征不匹配问题

4.3.1 扶贫PPP项目绩效考核机制现状

近年来，国家和地方政府不断出台PPP项目绩效考核机制的相关文件，指出了目前评价体系存在的问题，并对绩效考核机制未来发展方向提出了建设性意见。但由于PPP项目涉及的行业较多，较为完善的PPP项目绩效考核指标仍然没有得到建立健全，只有部分经验可借鉴。而对于扶贫这种与国家大的政策方针、老百姓生活水平息息相关的PPP模式，其绩效考核机制仍有欠缺，相较于项目运营存在一定滞后性，且现有的PPP项目绩效考核仍有许多问题：

一是PPP项目绩效考核泛化。PPP项目绩效考核机制的建立综合性强、难度大，需要考虑项目内容、运作方式、交易结构、主要风险等因素。这些因素的变化都会使绩效考核机制发生改变。然而，目前很多项目都存在生搬硬套现有绩效考核指标、使用通用性的基础考核模型的现象，使得PPP项目绩效考核过于泛化，达不到精确监控项目的作用。比如，将对政府付费类项目建设成本的绩效考核生搬硬套在使用者付费项目上，显然是不合适的。所以除此之外，政府还需要考虑PPP项目本身的特性，在考核指标中加入PPP项目的个性化需求。

二是绩效考核指标不恰当。现有评价机制存在考核指标片面化、不具可评价性、与考核指标挂钩的结果不适当、指标无法落地执行等问题。比如：将社会资本的日常工作数量等指标作为绩效考核的重点，规定运营过程中的员工出勤天数、巡视次数等；或者过于强调政府方并不拿手的过程考核，而忽略了结果考核；过于强调经济指标，往往造成社会资本片面强调经济效益，忽略了社会公益性的满足，将目的是排除固化政府支付责任的指标适用于使用者付费项目，结果无法落地执行。指标的不适当使整个考核机制失去了准确性和可参考性，所以在绩效考核指标制定过程中，应根据实际情况对各个项目的考核办法进行调整，使其真正能反映项目整体情况，为各利益相关方所用。

针对实践中的这些问题，有关部门连续出台不同行业的PPP项目考核指引，逐步规范PPP项目绩效考核、促进PPP项目顺利实施，比如：

（1）《基础设施和公共服务领域政府和社会资本合作条例（征求意见稿）》第十七条规定"合作项目协议中应当约定，社会资本方的收益根据合作项目运营的绩效进行相应调整。由使用者付费或者政府提供补助的合作项目，合作项目协议应当载明价格的确定和调整机制；依法实行政府定价或者政府指导价的项目，按照政府定价或者政府指导价执行"。

（2）《政府和社会资本合作项目财政管理暂行办法》（财金〔2016〕92号）第十七条规定"合同应当约定项目具体产出标准和绩效考核指标，明确项目付费与绩效评价结果挂钩"；第二十七条提出"各级财政部门应当会同行业主管部门在PPP项目全生命周期内，按照事先约定的绩效目标，对项目产出、实际效果、成本收益、可持续性等方面进行绩效评价，也可委托第三方专业机构提出评价意见"；第二十八条规定"各级财政部门应依据绩效评价结果合理安排财政预算资金。对于绩效评价达标的项目，财政部门应当按照合同约定，向项目公司或社会资本方及时足额安排相关支出。对于绩效评价不达标的项目，财政部门应当按照合同约定扣减相应费用或补贴支出"。

（3）《关于印发〈传统基础设施领域实施政府和社会资本合作项目工作导则〉的通知》（发改投资〔2016〕2231号）附件第十九条指出"PPP项目合同中应包含PPP项目运营服务绩效标准。项目实施机构应会同行业主管部门，根据PPP项目合同约定，定期对项目运营服务进行绩效评价，绩效评价结果应作为项目公司或社会资本方取得项目回报的依据"。

PPP项目涉及的利益相关方主要是政府部门、私营部门和公众三大类，由于三者对PPP项目绩效的关注点不同，因此PPP项目的绩效指标与纯粹的社会资本投资建设项目以及一般政府投资项目有一定区别。按照袁竞峰等（2012）的调查结果，政府部门、私营部门和公众三者对PPP项目的绩效目标关注度排序如表4-1所示。①

---

① 袁竞峰、季闯、李启明，"国际基础设施建议PPP项目关键绩效指标研究"，《工业技术研究》，2012年第6期，第109—120页。

表 4-1　PPP 项目的绩效目标关注度排序

序号	政府部门	私营部门	公众
1	可靠的工程质量	可靠的工程质量	可靠的工程质量
2	按时竣工	长期稳定的项目收益	高质量的公共服务
3	缓解政府预算不足	按时竣工	提供及时便捷服务
4	转移风险	达到预算目标	满足公共设施需求
5	高质量的公共服务	获得政府的优惠政策	按时竣工

王超等（2014）在基于关键成功要素（CSF）和关键指标考核法（KPI）的 PPP 项目绩效评价指标研究中，结合国内外 PPP 研究项目关键成功要素的 22 篇文献进行调研，共归纳出 47 个 CSF，提出了对 PPP 项目不同阶段的绩效评价指标。其中项目立项阶段应主要关注项目特性指标[①]，项目招投标和特许权授予阶段需关注项目投入指标，项目建设阶段应关注项目过程指标，项目运营阶段和移交阶段则应重视项目结果、影响指标。

在 PPP 项目绩效评价实施过程中，指标体系的设计是绩效评价的核心和难点所在，完整的评价指标体系不仅包括指标框架，还应包括指标权重及评价标准。如在住建部出台的《海绵城市建设绩效评价与考核办法（试行）》（建办城函〔2015〕635 号）中，将海绵城市建设绩效评价与考核指标分为"水生态、水环境、水资源、水安全、制度建设及执行情况、显示度"六个方面，提出具体指标、要求和方法，并以附件形式对绩效评价与考核办法进行了定性定量的界定。

由于不同的 PPP 项目功能、目标各异，体现目标要求的技术特性各异，因此项目绩效考核指标体系应能体现提供的功能和服务目标，尤其应该明确项目目标绩效考核和项目公司"工作表现"管理考核（包括达到的建设质量标准、进度、运维状态、公众满意度等），对项目公司"工作表

[①] 王超、赵新博、王守清，"基于 CSF 和 KPI 的 PPP 项目绩效评价指标研究"，《项目管理技术》，2014 年第 12 期，第 18—24 页。

现"管理考核可以用违约金机制处理。

现有主要考核方法包括关键指标考核法（Key Performance Indicators，KPI）、平衡计分卡（Balance Score Card，BSC）以及360度反馈（360° Feedback）。在制定指标的过程中，这些考核方式方法的选择应综合考虑。所谓考核方式方法，既不是考核指标，也不是与其挂钩的结果，而是绩效考核得分从无到有的论证或评价过程中所依据的规律，这种规律主要是人为归纳总结的，而不是自然规律。从已有的政策文件来看，《基础设施和公用事业特许经营管理办法》第四十三条规定的"建立根据绩效评价结果、按照特许经营协议约定对价格或财政补贴进行调整的机制"离之较近，但又没有再进一步诠释。《关于规范政府和社会资本合作（PPP）综合信息平台项目库管理的通知》（财办金〔2017〕92号）中"项目建设成本不参与绩效考核，或实际与绩效考核结果挂钩部分占比不足30%"是比较直接的表达，这种方法类似于KPI考核法，但仍不完整，除此之外能否找到其他绩效考核模型仍然值得我们思考。

4.3.2 不匹配的原因

中国地大物博，各地区差异大，不同地区扶贫PPP项目的运行模式和盈利模式也不可能完全一样。例如，按照一般公共预算支出10%红线的硬性约束，我国中西部及经济欠发达地区在统筹所有PPP项目后，当地实际可推行的PPP项目体量很小；而东部沿海地区贫困地区却离10%的红线约束还有较大空间。这就造成一方面贫困地区急需通过PPP模式减贫脱贫，却受到财政承受能力红线的限制；另一方面，发达地区财政承受能力空间较大但实施却较少的局面，由此导致PPP模式在减贫脱贫方面的功能和作用没有得到充分发挥。现阶段对于扶贫PPP项目的考核却无具体而完善的机制，按照一般的PPP项目绩效考核机制或按照一般扶贫绩效考核机制，都会出现不匹配的地方。

一是PPP项目绩效考核机制不匹配。一方面，我国贫困地区大多是偏远的农村地区，特困地区更是如此，这些地方经济社会发展水平低，贫困人口居住比较分散，人口集中度不高，公共项目的供给效益不乐观。另一方面，贫困地区公共产品及服务的供给多是地方贫困人口的基本生活保障，以满足基本的生活需求，意味着公共项目的供给质量不高。此外，对于一些地区的公共基础设施如道路、桥梁等，特别是旅游产业中的基础设施，其利用率的季节性特征比较明显，意味着公共项目的需求稳定性不强。这些特征对PPP模式在扶贫领域的运用起着较大影响。大致来说，受扶贫对象支付意愿和支付能力的限制，政府各类公共资源（不限于资金）的投入要比其他领域多，对社会资本方要求较高，但投资收益率不会太高。从财政部PPP中心公布的相关统计公报来看，农业、生态建设和环境保护以及保障性安居工程等领域的PPP数量占比不大。一些地方即使成立了扶贫产业基金，但由于缺乏成熟项目，因此基金利用率很低。此时若直接用PPP项目绩效考核机制进行考核，便会导致与资金效益相关的指标项得分较低。

二是扶贫绩效考核机制不匹配。从PPP实践来看，基于社会资本方的信息及市场研判优势，扶贫项目在决策环节借助于市场机制和社会资本的力量，有利于精准安排项目。但是若以扶贫绩效考核机制进行考核，便会导致公共部门往往在扶贫"军令状"下，为了完成指标，在整个合作过程中单方面行事，不考虑社会资本方的意见或建议，如在合作前期胡乱承诺、合作过程中单方面变更条件或不按合同办事等。

从一定意义上说，扶贫工作的开展都是围绕扶贫项目来进行的，扶贫资源中的人、财、物等都由扶贫项目来配置，项目运作的好坏直接关系到扶贫的成效，精准扶贫要求之一就是项目安排要精准。习近平总书记在2015年中央扶贫开发工作会议上的讲话中指出"贫困群众需要的项目往往没有扶持政策，而明眼人都知道不行的项目却被当作任务必须完成。这种状况必须改变"。这就说明，扶贫项目安排不当造成扶贫资源浪费，进而影响贫困治理成效的情况不少。

市场经济条件下，需求的不确定性使得扶贫项目的运作风险上升，项目运作的设计需要平衡市场机制和政府公权的作用，对扶贫项目的创新性要求较高。客观来看，产业扶贫领域的项目有失败的可能，市场经济讲究优胜劣汰，产业的选择、培育及成长由市场决定其优劣成败，但扶贫强制性预期，对扶贫项目的运作提出挑战。扶贫领域 PPP 项目落地率低于市政工程等领域项目，说明项目运作机制成熟度不够。

4.3.3 未来发展方向

我国扶贫 PPP 项目绩效考核机制未来的发展方向如下：

（1）强化对 PPP 扶贫项目全生命周期的绩效研究。PPP 项目的绩效考核贯穿项目全生命周期，考核时间应于项目已有一定产出的建设阶段时开始（而非在交工验收时），在项目移交阶段结束，完成绩效评价。

《中共中央国务院关于全面实施预算绩效管理的意见》提出积极开展 PPP 绩效管理。2018 年 7 月财政部组织召开的扶贫项目资金绩效管理工作视频会议上，财政部副部长、脱贫攻坚领导小组副组长程丽华强调，要着力落实《扶贫项目资金绩效管理办法》就要做到"两个全覆盖"："一是资金范围'全覆盖'；二是管理过程'全覆盖'，在预算编制和审核环节，将绩效目标随同预算一并批复；在预算执行环节，跟踪分析绩效目标执行情况；在预算执行完毕后，组织开展绩效自评和抽查，加强绩效结果应用"。要做到这一点，PPP 扶贫项目的绩效管理便不能只关注某一阶段的成果，而要将目光放在全周期内，强化全生命周期的绩效研究。

在项目前期开展绩效管理，有利于对项目立项阶段、招投标阶段和特许权授予阶段中体现的项目立项依据的充分性、立项程序的规范性、绩效目标的合理性、招投标的合规性、合同谈判和签约的合法性、项目公司成立及融资交割与 PPP 协议的符合性、股东各方管理能力、风险分担等因素进行综合评价，发现前期存在的问题和不足，并在后期及时予以调整或完善，确保 PPP 项目健康运行。

项目后期绩效管理包含项目运营维护期间的中期评估以及项目移交或提前终止后的评价阶段。评价结果应及时反馈给项目利益相关方，作为政府加大支持、完善监管、调整 PPP 相关制度体系的依据，以提高政府投资决策水平和投资效益，同时激励社会资本不断提升管理水平、推进技术创新、提高服务质量。

（2）落实精准导向，科学设定绩效指标。建立特定指标体系，在普适性的绩效指标中按实际情况添加相关特定指标，使绩效指标与扶贫项目的实际情况更加贴合。

一方面，PPP 扶贫项目安排要坚持现行的脱贫目标和标准，既不提高也不降低标准。另一方面，PPP 扶贫资金安排要瞄准薄弱环节，解决突出问题，切实使资金安排让贫困地区和贫困人口受益。在指标设计过程中，指标应满足绩效评价的"4E"原则，即经济性、效率性、效果性和社会公平性，坚持科学规范、公正公开、分级分类等原则，加强绩效指标与脱贫成效的紧密程度，体现脱贫减贫效果，将评价结果作为资金分配和改进管理的重要依据。

（3）多部门共同编制行业 PPP 扶贫项目绩效管理实施办法。现行的 PPP 扶贫绩效管理模式和方法具有一定的普适性，但不能很好地针对单独行业、单独项目进行考核。因此财政部门可以牵头积极联合各行业的主管部门，共同编制相关行业的 PPP 扶贫项目绩效管理实施办法。

政府应充分结合各行各业的特点、技术规范、法律行规、指标体系，编制体系完整、操作性强、指标确定的绩效管理实施办法，体现层次性、系统性，从本质上提升 PPP 项目全生命周期的绩效管理水平，并使同行业 PPP 扶贫项目具有横向可比性。

基础设施和公共服务领域的 PPP 扶贫项目，涉及公众使用安全，其公益性尤为显著，在指标设定方面要凸显公众满意度指标，通过广泛收集公众意见、公示评价结果，确保 PPP 扶贫项目信息公开，并纳入公众监督范围。

（4）改进 PPP 信息综合平台，通过 PPP 基础数据库将绩效评价模块不断完善。利用数字化辅助技术集成 PPP 扶贫项目全生命周期（设计、建设、运维等）的信息数据，并将其整合至平台进行固化。这样可以简化数据提取工作量、极大地提高长周期运维的信息化水平，将传统粗放式运维的绩效考核提升至集约化、科学化的新高度。同时信息化平台本身可以为项目各参与方数据交流提供一个一体化的信息支持平台，甚至实现国内 PPP 扶贫项目数据资源的共享。

在上述工作的基础上，政府应在综合信息平台上增设并完善绩效评价模块，引导实施机构和社会资本方的行为方式，尽快建立起全生命周期的绩效管理和评价体系，实现全生命周期的标准化、可视化、公开化管理。

（5）根据现有的 PPP 项目专家库，就绩效管理征询多方意见。PPP 扶贫项目应充分利用财政部已建成的 PPP 专家库。专家库面向全社会开放，拥有各行各业、各个领域的专家，覆盖法律、财务、工程咨询、工程技术等各个专业，这些专家具有丰富的实际操作经验，会结合自身工作实际提出具有针对性的意见，并且提供技术支持。每一个 PPP 扶贫项目可以根据其涉及的领域，与该领域的几个专家建立固定长远的联系，有利于专家对该扶贫项目深入了解、持续跟进，在绩效管理及其他方面给予专业性的意见。

（6）积极引入第三方绩效评估。目前，我国的绩效评估以体制内评估为主体，政府可能存在人手不足、人员不按照规章制度操作等情况，使得绩效评价工作不规范、不及时，因此相应的绩效考核工作并不能完全依赖政府部门完成，而需要不断引入第三方具有足够公信力与专业水准的绩效评估机构进行绩效考核，由第三方主导的 PPP 项目绩效考核不仅代表政府方监督社会资本方，还可以代表社会公众监督政府和社会资本方的合作关系，整合不同主体的利益取向，将信息公开法制化，提升双方合作的效率，实现社会效益最大化。

（7）应用行业大数据，提高绩效评价的质量和效率。市场上有部分机构以数据为基础，通过对大量项目合同中履约条款的识别和汇总，整理不同类型、不同区域、不同行业的项目履约条款中的绩效要求，优化履约绩效考核方法。其通过对不同项目的绩效考核，汇总整理考核结果，并反馈初始数据库，周而复始，不断学习，以提供更优的绩效考核方法和标准，并综合对相同行业、相同领域项目之间的横向和纵向对比分析，为后续项目的绩效考核目标设定提供参考。

4.4 如何提高扶贫 PPP 项目的金融支持

4.4.1 当前贫困地区 PPP 项目融资现状——金融"不下乡"

当前，贫困落后地区的 PPP 项目普遍面临融资困难的问题。分析贫困落后地区 PPP 项目融资困难即金融"不下乡"的现状，可以从融资的主要分类入手。融资的分类有很多种，但至少有以下两大分类：一是股权融资和债权融资，二是直接融资和间接融资。

股权融资是以公司股权作为投融资标的，向投资者推介进行的融资行为；债权融资是企业通过对外负债，有偿使用外部资金的融资行为。股权又称为股东权益或所有者权益，其与债权最大的不同是投资人是否享受股东权益，其特点是"先进后出"，风险比债权更大，但获得更高收益的可能性也更大。股权融资与债权融资除风险、收益不同，还在于是否改变公司治理结构（股东构成、持股比例以及控制权）。用于股权融资的金融工具主要有信托计划、资管计划（券商资管、基金资管、保险资管等）、私募股权投资基金、资本市场的 IPO（首次公开发行）、增发等。用于债权融资的金融工具主要有银行贷款、短期融资券、中期票据、PPN（非公开定向发行）、债券承销（含公司债、企业债等）、融资租赁等。

直接融资是指没有金融中介机构介入的资金融通方式，资金融通的途径是"投资者——融资者"；间接融资的资金融通途径有金融中介机构介入，途径是"投资者——金融中介——融资者"。直接融资和间接融资最大的区别是，间接融资的金融中介既是投资者的交易对手，又是融资者的交易对手，投资者投资的风险与收益和融资者融资的风险与收益都是单独与金融中介中间的关系，投资者和融资者没有发生直接的资金融通关系。这样的特征，决定了金融中介的信用中介（而不是信息中介）地位。间接融资的金融中介机构最典型的就是银行。银行从储户处获得存款，与储户之间是"储户借款给银行，银行支付借款利息"的关系，因此存款在银行也叫作"负债"；反过来，银行将积累的存款以贷款的方式给需要资金的企业或个人，企业或个人向银行支付利息，这种贷款在银行也叫作"资产"，贷款利息高于存款利息，其中包含存款利息、银行的运营成本以及收益。

直接融资活动中，也有金融机构的参与，例如在债券、股票发行承销过程中，有证券公司、评级公司等中介机构为发债企业和投资人提供评级、保荐、承销等服务，但这些机构所做的工作都是为了真实反映企业的生产经营情况、财务情况及其他应公开的信息，提供的是信息中介而不是信用中介的服务。投资人的交易对手是被投资企业，而不是金融机构本身，这是与其间接融资最本质的区别。由于没有信用中介，只有信息中介，直接投资的投资人是根据金融中介机构提供的专业且公开的信息自行作出投资决策，因此如果金融中介机构的信息中介服务没有违规或重大失误，投资人的投资风险自行承担。而间接融资由于投资人（储户）的交易对手是信用中介机构（银行），其投资的风险原则上应由银行承担。间接融资的种类很少，贷款是典型的间接融资；直接融资的品种很多，包括银行理财融资、债券（公司债、企业债）融资、股票融资（IPO、定向增发等）、信托融资、资管计划融资、资产证券化融资，等等。

从股权融资和债权融资的分类来看,贫困地区的PPP项目融资困难表现在:

一是股权融资方面。由于股权融资的退出方式通常有两类,一类是资本市场退出,如IPO、定向增发、老股协议转让等;另一类是其他股东或第三方回购。贫困地区PPP项目公司的股权,由于项目公司从事的是地方基础设施和公共服务建设运营工作,市场价值不明显,在实践中很难走资本市场上市或协议转让的途径;而其他股东方回购,过去通常是由地方政府平台公司或地方国有企业履行回购义务,但在《关于进一步规范地方政府举债融资行为的通知》(财预〔2017〕50号)之后,这种模式被认为是地方政府变相融资、名股实债,也难以实现。

二是债权融资方面。通常情况下,项目融资的还款来源主要为项目本身的现金流,而PPP项目尤其是政府付费或缺口补助的PPP项目,其主要还款现金流为政府的付费或缺口补助义务。政府财力较弱的贫困地区,项目现金流不可靠、不稳定。因此,债权融资机构如银行对于财力较弱的地方政府的政府付费项目和可行性缺口补助项目,变得十分谨慎。即使是使用者付费项目,由于项目所需的交通、市政配套等瓶颈问题,社会资本投资也十分审慎。

从直接融资和间接融资的分类来看,贫困地区的PPP项目融资困难则表现在:

一是直接融资。直接融资主要是通过资本市场IPO、发行公司债券、企业债券、短期融资券、中期票据以及私募债等。资本市场融资除上述股权融资提到的问题外,债券等债权类直接融资通常要对融资企业进行信用评级(包括主体评级和债项评级)。尽管PPP项目的融资主体是项目公司,但由于项目公司为新成立的SPV公司,除了注册资本,并没有强大的偿债能力,其信用评级现实中主要依靠其股东方(如社会资本、地方政府平台公司)对其进行担保增信。由于社会资本通常不愿为项目公司的债务融资提供担保（若提供了担保，项目公司的债务则变成了社会资本的或有负债，对社会资本的财务报表有较大不利影响）。因此大多地方政府平台公司或所属国有企业为项目公司提供增信或担保。而贫困地区的地方政府，其国有企业、平台公司通常来说主体信用评级无法达到资本市场融资的最底线要求（如AA甚至AA+以上），因此其担保的项目公司也无法进行直接融资。

实践中，贫困地区的一般性公共预算收入通常在10亿元以下，大部分甚至在5亿元以下。而一般性公共预算收入低于5亿元的地方政府，其平台公司的信用等级一般情况下很难达到AA以上，也就是说，一般性公共预算收入低于5亿元的地方政府，其平台公司较难在资本市场直接融资，尤其是进行公募直接融资，其PPP项目也难以进行直接融资。这也是证券公司通常不做一般性公共预算收入5亿元以下的地区的业务的原因。

二是间接融资。间接融资通常是银行融资。在PPP领域中，由于PPP项目所需资金规模大、期限长，能够匹配的资金主要是银行贷款或银行理财资金。但贫困地区不仅存在上述融资风险较大的困难，还存在商业银行网点无法覆盖到贫困地区的窘境。这是因为，商业银行为实现效益最大化，在设立分支机构时通常会有所选择：财力较强的地区，单位效益较高，分支机构设立较多；财力较弱的地区，单位效益较低，较少设立甚至不设立分支机构。现实中，贫困落后地区除中农工建四大行之外，多数银行尤其是全国性股份制商业银行较少设立分支机构。而银行融资由于需要对融资企业或融资项目进行贷后管理，因此通常需要当地设有分支机构才可以开展。

基于上述分析，金融机构、社会资本纷纷设定了一定的投融资门槛，低于门槛的地区很难吸引到社会资本和金融机构。例如，某大型央企对于投资PPP项目的所在地方政府的准入标准为，上一年度一般性公共预算收入达到60亿元；某银行的准入标准是上一年度一般性公共预算支出达到50亿元。其他一些社会资本包括民营企业，也或多或少存在这样的门槛规定或投资偏好。应该说，大部分贫困落后地区是无法满足这些门槛要求的。

4.4.2 金融"不下乡"的原因

分析金融"不下乡"、融资困难的原因，离不开对金融的核心与本质问题的分析。

重庆市前市长黄奇帆在2015年重庆市金融工作会议上对金融本质的界定，概言之就是三句话：为有钱人理财，为缺钱人融资；信用、杠杆、风险；金融服务实体经济。黄奇帆对金融的认识很深刻，用三句话就道出了金融的作用、核心和目的。但如果再深究，第二句话金融的核心"信用、杠杆、风险"，会发现信用、杠杆说的都是风险问题：信用是衡量风险的尺子，杠杆是风险大小的调节器。这里的"信用"范围大于我们后文即将提到的"信用贷款"中的信用，它更接近于银行常说的"信用风险"中的信用，是从银行的角度观察融资主体的还款的可能性，不仅包含融资主体的还款意愿，还包含融资主体的还款能力。杠杆则是金融常用的一种工具，这里的杠杆范围也十分广泛，不仅包含结构性融资中的优先级、劣后级之分形成的杠杆，也包含在一些项目融资中的债本比率（例如项目资本金最低20%的要求）形成的杠杆，还包含诸如依据抵押率等风险缓释措施形成的缩小的杠杆（例如某项融资的抵押率是50%，则对于融资本息来讲有50%的风险缓释空间）。实际上，《巴塞尔协议》规定的"核心资本充足率""拨备覆盖率""杠杆率"等银行风险控制指标，在某种程度上也是用杠杆控制风险的手段。

因此，风险（确切地说是风险的有效控制）是金融的核心，这一点在《巴塞尔协议》的演变过程中得到了印证。《巴塞尔协议Ⅲ》作为当今国际银行业的"有效银行监管的核心原则"，对银行的资本充足率、一级资本充足率、核心一级资本充足率、拨备覆盖率、杠杆率、流动性风险控制等都有明确要求。① 中国银监会（现中国银保监会）为全面防范银行业金融风险，于2011年下发了《关于中国银行业实施新监管标准的指导意见》（银监发〔2011〕44号，以下简称《指导意见》），对上述指标规定了比《巴塞尔协议》更为严格的标准。②

在金融理论中，与风险相关的另外一个概念是收益（表现为利率、融资成本、价格等）。但必须清楚的是，与风险相比，收益是派生的。所有的投资收益都是在风险有效识别、接受和防控的基础上派生出来的产物。如果说收益是金融机构的"发展问题"，那么风险就是金融机构的"生存问题"。只有先保障了生存，才能提到发展。反过来，如果想让金融机构接受特定投融资活动的风险，就要给金融机构其认可的能够覆盖投融资风险的收益，收益要与风险匹配，这也就是金融机构的"风险定价"原理。所有投融资活动都是围绕"风险与收益平衡（匹配）"这一目标展开的。当然，不同的金融机构风险偏好（Risk Appetite）不同，如果某些投融资

---

① 《巴塞尔协议Ⅲ》是国际清算银行（BIS）下的常设监督机构巴塞尔委员会于1988年7月在瑞士巴塞尔通过的"关于统一国际银行的资本计算和资本标准的协议"的简称。在雷曼兄弟破产两周年之际，《巴塞尔协议Ⅲ》在瑞士巴塞尔出炉。《巴塞尔协议Ⅲ》受到了2008年全球金融危机的直接催生，草案于2010年提出，并在短短一年内就获得了最终通过，并将于此后的11月在韩国首尔举行的G20峰会上获得正式批准实施。该协议第一次建立了一套完整的国际通用的、以加权方式衡量表内与表外风险的资本充足率标准，有效扼制了与债务危机有关的国际风险。《巴塞尔协议Ⅲ》几经波折，终于在2013年1月6日发布其最新规定。新规定放宽了对高流动性资产的定义和实施时间。《巴塞尔协议Ⅲ》规定：截至2015年1月，全球各商业银行的一级资本充足率下限将从4%上调至6%，由普通股构成的"核心"一级资本占银行风险资产的下限将从2%提高至4.5%。保持目前资本充足率8%不变；但是对资本充足率加资本缓冲要求在2019年以前从现在的8%逐步升至10.5%。最低普通股比例加资本留存缓冲比例在2019年以前由目前的3.5%逐步升至7%。

② 《指导意见》规定："一是明确三个最低资本率充足要求，即核心一级资本充足率、一级资本充足率和资本充足率分别不低于5%、6%和8%。二是引入逆周期资本监管框架，包括2.5%的留存超额资本和0—2.5%的逆周期超额资本。三是增加系统重要性银行的附加资本要求，暂定为1%。新标准实施后，正常条件下系统重要性银行和非系统重要性银行的资本充足率分别不低于11.5%和10.5%……引入杠杆率监管标准，即一级资本占调整后表内外资产余额的比例不低于4%……建立流动性覆盖率、净稳定融资比例、流动性比例、存贷比、核心负债依存度、流动性缺口率、客户存款集中度以及同业负债集中度等多个流动性风险监管和监测指标，其中流动性覆盖率、净稳定融资比例均不得低于100%……建立贷款拨备率和拨备覆盖率监管标准。贷款拨备率（贷款损失准备占贷款的比例）不低于2.5%，拨备覆盖率（贷款损失准备占不良贷款的比例）不低于150%。"

活动超出了金融机构既定的风险偏好（风险承受意愿），即使给金融机构再高的投资回报，这些活动通常也不会获得融资。所以，从这个意义上说，风险的有效控制是金融的核心，而风险偏好基础上的风险与收益的平衡是金融的本质。

综上，判断一个项目是否可以融资，首先要看其是否在金融机构的风险偏好范围内，如果其符合某一特定金融机构的风险偏好，则要看项目对金融机构的收益与风险是否平衡。

具体到贫困地区 PPP 项目投融资领域，地方的经济实力、政府的财政实力则成为金融机构考察的重点。经济实力强、政府财力强的地方，基建投资相对饱和，不需要上马很多项目；相反，需要大量基础设施建设的地区，又是经济实力较弱的地方，政府财力无法支持大规模基础设施投资，就出现了"市场失灵"问题。市场失灵是指无论是社会资本还是金融机构，作为市场的营利性企业一定会趋利避害，追求利润最大化和风险最小化，表现为对于财力较强的地方政府基建项目趋之若鹜，对于财力较弱的地方则敬而远之。用上述金融的本质分析，就是对于金融机构来说，贫困落后地区的 PPP 项目，超出了主流金融机构的风险偏好。说通俗一点，由于贫困地区经济较弱、政府财力不济，金融机构认为其 PPP 项目投融资风险相对较高，不符合自身的融资要求，而不愿融资。由于社会资本参与 PPP 项目高度依赖金融机构的融资，若金融机构不愿融资，社会资本也不愿投资。

4.4.3 未来发展方向

走出当前 PPP 在贫困地区市场失灵的困局，关键在于加大金融资源对贫困地区 PPP 项目的投入力度。习近平总书记在 2017 年 7 月召开的第五次全国金融工作会议上强调要"把更多金融资源配置到经济社会发展的重点领域和薄弱环节""要建设普惠金融体系，加强对小微企业、'三农'和偏远地区的金融服务，推进金融精准扶贫"。为贯彻落实习总书记的重要指示，中国人民银行、中国银监会、中国证监会、中国保监会四部委于 2017 年 12 月联合发布了《关于金融支持深度贫困地区脱贫攻坚的意见》（银发〔2017〕286 号），细化了金融精准扶贫的具体工作；财政部在第四批 PPP 示范项目入围评审时，通过评选示范项目来引导社会资本加大对贫困地区 PPP 项目的投资力度，践行金融（财政）精准扶贫——财政部第四批 PPP 示范项目中有 68 个连片扶贫开发地区的项目，投资规模 1 855 亿元，占示范项目投资总额的 24.45%，也就是说，扶贫 PPP 项目占所有示范项目总投资额的 1/4 强。由此可见，金融助力 PPP 精准扶贫，已经具备了重要的制度基础和现实意义。

但是，无论是推广 PPP 模式，还是加大金融资源投入，精准扶贫都需要"瞄准靶心"，把握好"度"。换句话说，要把提高脱贫质量放在首位，既不降低扶贫标准，也不吊高胃口；既要取得实效，又不大包大揽。扶贫的"扶"，可以理解为"扶上马，送一程"，但不能一送再送，更不能直接送到目的地，否则会变成鼓励养懒人。因此，金融支持 PPP 精准扶贫的路径设计则至关重要。

金融支持 PPP 精准扶贫的路径设计，既要化解"市场失灵"，又要"扶贫有度"。因此，至少应该包括以下四个方面的内容：

（1）制定差异化金融政策。由于"市场失灵"，仅依靠贫困地区自身财力，无法做到吸引社会资本和金融机构投资贫困地区 PPP 项目，在投融资过程中，通常需要中央政府或上级地方政府提供融资增信才能实现。贫困地区自身财力有限，可以通过中央政府或省级地方政府予以增信。但是，按照当前 PPP 的制度规定，地方政府不得为项目融资提供担保、回购等融资增信支持。因此，有必要为贫困地区的基础设施建设项目、PPP 项目提供差异化的金融政策：对于贫困落后地区的基建项目，应打破传统理念的桎梏，允许中央政府、省级地方政府通过政府回购（基金的优先级）、融资担保等政府信用支持方式，为贫困落后地区政府基建项目提供增信，促进贫困落后地区脱贫减贫。

中央政府或省级地方政府的增信，应主要体现在风险承担和收益分享方面。政府通过增信、简政放权等措施，降低 PPP 项目成本、缓释 PPP 项目的风险；社会资本通过发挥市场竞争力，与政府方合作创造良好营商环境，提升 PPP 项目的收益。当然，风险一定不是全部由政府承担，收益也不是全部由社会资本和金融机构享受。分担多少风险，让渡多少收益，如何合理把握这里的"度"至关重要。

（2）设立基础设施 PPP 减贫脱贫引导基金。一方面，市场化的金融机构普遍具有厌恶风险和追求高回报的特征，不愿为风险相对较高的贫困地区基建项目融资；另一方面，国开行、农发行等政策性金融机构的主要融资方式为债权融资，而贫困地区基建项目更需要承担一定风险的股权（资本金）融资。因此，破解贫困地区基建项目融资困局，既不能依靠市场化金融机构，也不能依靠从事传统信贷业务的政策性银行，而更应该由具有政治使命的新型股权融资金融机构去完成。我们建议设立基础设施减贫脱贫引导基金，加强对贫困落后地区 PPP 项目、基础设施项目建设的资本金和股权支持，推进金融精准扶贫。

基础设施减贫脱贫引导基金的设立，需要特别注意以下两个方面：一是基金不应全额投资，应仅投资部分项目资本金。精准扶贫的关键在于如何"精准"，如何扶得有效果，并长期见效。因此，基金支持贫困地区基建项目的方式应以提高项目的可融资性为限，不能全额投资，也不能承担全部风险，而应以部分项目资本金投资（例如不超过项目资本金的 30% 且不超过其他社会资本金投资额）、部分担保、有限度的缺口补足等形式，起到必要的投资引导、融资增信作用；同时，为提高扶贫的覆盖面，基金应仅限项目资本金融资，不提供贷款、发债等债权融资，而将有限的基金资源用到更多的贫困地区基建项目上。二是基金不应该用市场化的绩效考核思路建立和管理。这是因为，市场化的绩效考核必将让基金走上其他已经成立的一些基金的老路——追求低风险、高回报，即在贫困地区支持缺位、在发达地区与"民（指市场化金融机构）"争利。考核基础设施减贫脱贫引导基金的业绩，不应以基金盈利能力、风控水平为目标，而应重点考核其所支持的贫困落后地区的脱贫实效、所在地区 GDP 增长、贫困人口数量减少、贫困群众收入增加、民众满意度提升等指标。

（3）扶贫有"度"。既要尽力而为，又要量力而行；要民生优先，有保有压。金融助力 PPP 减贫脱贫，支持的 PPP 项目应该是贫困落后地区必要的基础设施和基本公共服务项目，出发点是"必要"，落脚点在"基本"；项目可以适度超前，但不能过度超前。具体来讲，应优先支持关系国计民生、让最广大人民群众受益的乡村公路、农田水利、污水垃圾处理等基础民生基建项目；对于投资量较大的文化中心、体育中心、产业园区等项目，要严格进行必要性评估和审核，确需建设的，严格控制其建设内容、总投规模；坚决制止上马形象工程、面子工程、奢侈工程项目。

（4）扶贫与扶志、扶智相结合。习近平总书记在十九大报告中指出，要"坚持大扶贫格局，注重扶贫同扶志、扶智相结合"。"PPP+金融"模式正是扶贫与扶志、扶智的有机结合：一方面，PPP 模式和金融支持为贫困地区带来了完善的基础设施和快速的经济发展；另一方面，通过有效的项目设计和安排，"PPP+金融"模式能够在授人以鱼的同时授人以渔。我们建议通过财政补贴、税收减免、以奖代补等方式，引导拥有丰富经验及专业知识的社会资本和金融机构，以投资 PPP 项目为契机，在长达 20—30 年的项目全生命周期里，参与项目所在地方政府的社会的治理、城市的规划、项目的建设、运营和管理、公共服务的提供和优化，一同致力于贫困地区领导干部眼界的提升、能力素质的提高、地方人才的培养、成功经验的移植，帮助地方挖掘自身潜力，提高自身智力，做到真脱贫、脱真贫。

4.5 返贫问题

4.5.1 返贫现状

2020 年之前，我国的扶贫工作由全面推进向深度贫困攻坚转变，从注重减贫速度向提高质量转变。而不返贫则是考验脱贫质量的关键所在。习总书记曾提出：防止返贫和继续攻坚同样重要，已经摘帽的贫困县、贫困村、贫困群体，要继续巩固，增强"造血"功能，建立健全稳定脱贫长效机制。

国家统计局2014—2015年对来自全国600多个贫困县、6万多个样本户的贫困监测数据显示：2015年新增的两类贫困人口中，一类是2014年摆脱贫困2015年又返贫者，占比为41%；另一类原来属于非贫困群体，2015年新进入贫困的，这部分占比为59%。例如，2014年年底脱贫的贫困人口接近贫困人口总数的70%，而在2015年年底贫困人口中又有接近60%是新的返贫人口，大出大进所占的比例相当大。从区域和人群分布上看，新增贫困群体大部分为西部贫困地区以及贫困县中低收入人群。

目前，低收入农户平均收入水平已经接近全国扶贫标准，如果低收入农户的收入不能有效增加，那么有可能出现一边扶贫一边产生新的贫困人口的局面。2017年12月27日，由中国社会科学院发布的《扶贫蓝皮书：中国扶贫开发报告（2017）》指出，中国低收入农户收入增长乏力，返贫压力上升，有效提高扶贫质量、防止发生新的返贫十分重要。

4.5.2 返贫的原因

分析各地区的贫困情况和返贫情况，我们发现，出现返贫的原因主要有以下几种：

（1）项目脱离实际，扶贫效果可持续性差。目前来看，全国范围的贫困面比较大，有些地区贫困程度比较深，贫困的原因比较复杂，市场经济条件下，扶贫项目的精准定位存在困难。部分地方政府部门不尊重扶贫对象的主体地位，扶贫项目和扶贫活动不考虑贫困群体的切身需求，扶贫工程安排的出发点欠妥，造成扶贫资源的浪费。有的地方政府部门市场法制意识薄弱，项目决策过程靠拍脑袋决定，增加准入门槛或附加条件，没有充分利用市场机制的作用，不考虑潜在社会资本方的建议，挫伤了社会资本积极性，导致扶贫项目安排脱离实际，扶贫项目产生的脱贫效果有限，可持续性较差。

（2）因病返贫。根据2018年7月2日在成都召开的全国健康扶贫三年攻坚工作会议上公布的数据来看，脱贫攻坚战两年多之后，我国因病致贫返贫户由2015年年底的726.9万户下降到2017年年底的388.2万户，涉及的贫困人口减少851.6万人，占两年脱贫人数的34%。利用2013年"中国城乡困难家庭社会政策支持系统建设"的调查数据进行分析，在被调查的农村困难家庭中，95.78%的贫困家庭面临几大困难：家庭成员疾病负担重、家庭主要成员没有劳动能力、家庭成员需要长期照料、家庭成员发生意外事故、遭受重大自然灾害等。通过对返贫的农村家庭进一步分析发现，返贫的一大原因是过重的家庭成员疾病负担。在服务项目中，农村医疗卫生保健服务是贫困家庭需求程度最高的服务项目，占农村贫困家庭的比重高达63.45%。从农村贫困家庭的就医情况来看，"费用高、看病贵"成为贫困家庭就医的首要困难，79.62%的农村贫困家庭认为就医费用高。此外，看病手续烦琐、看病排队难，看病交通不便也困扰着农村贫困群体。[①] 目前，因病致贫返贫已成为农村贫困地区比较突出的社会问题，疾病导致贫穷，贫穷加剧疾病，形成疾病和贫穷的恶性循环，严重影响着农民脱贫自立和农村经济发展。

（3）依赖思想严重，能力匮乏。尽管有些地区贫困群体已经脱贫，但无论思维方式还是生产方式仍然跟不上时代发展，自我发展的意识和能力没有实质性提高。相当一部分贫困人口缺乏自力更生、艰苦奋斗的思想，对政府救济补助产生依赖，"等靠要"的现象经常发生。同时，贫困群体自身文化水平低，专业技能和科学知识匮乏，一旦遇到突发的意外情况，可能会继续返贫。

---

① 林闽钢、梁誉、刘璐婵，"中国贫困家庭类型、需求和服务支持研究：基于'中国城乡困难家庭社会政策支持系统建设'项目的调查"，《天津行政学院学报》，2014年第3期，第3—11页。

4.5.3 未来发展方向

针对返贫问题未来的发展方向有：

（1）注重扶贫对象的项目参与度。PPP扶贫项目实施的最终目的是保证贫困地区及人口顺利脱贫、不返贫，这是评判贫困治理效率的必要条件。因此政府要注重扶贫对象的项目参与度，借助于项目的实施和发展，提升贫困者的自身发展能力，改善收入分配状况，实现自然而然脱贫。要建立PPP项目扶贫对象参与的框架性机制，在立项决策、竣工验收和运营等全寿命周期内拓展扶贫对象参与项目的方式。[①] 具体而言，贫困者参与项目的实施主要分为人、财、物三个方面。"人"的方面，通过个人或组织（如农民专业合作社）等形式参与项目，如在项目建设、运营及维护等环节，可以通过安保、保洁、临时雇佣等形式优先考虑贫困者，必要时加强对贫困者的职业培训，从就业途径改善贫困者的收入状况。"财"的方面，从资产扶贫的角度将贫困者的资金资产纳入项目运作体系。2017年7月财政部、农业部、国务院扶贫办联合印发的《关于做好财政支农资金支持资产收益扶贫工作的通知》（财农〔2017〕52号）中明确指出"脱贫攻坚期内，在不改变用途的情况下，各地利用中央财政专项扶贫资金和其他涉农资金投入设施农业、养殖、乡村旅游等项目形成的资产，具备条件的可用于资产收益扶贫。地方各级财政安排财政专项扶贫资金和其他涉农资金投入相关项目所形成的资产，具备条件的也可用于资产收益扶贫""用于资产收益扶贫的财政投入所形成的资产，收益权要优先分配给贫困村和贫困群体，并鼓励向丧失劳动力或弱劳动力的贫困群体、贫困残疾人户倾斜"。在具体实施过程中，需要对资产进行评估并量化到受益组织或个人。"物"的方面，运用市场机制激活各种资源要素（应包括土地、矿产、山地、林地等有形资源要素以及文化、专利等无形资源要素），以入股或租

[①] 叶晓甦、覃丹丹、石世英，"PPP项目公众参与机制研究"，《建筑经济》，2016年第37期，第32—36页。

赁等形式参与项目的发展，使贫困地区和贫困群体享受发展红利。

（2）通过 PPP 模式构建多层次的"因病致贫返贫"治理体系。在大部分农村贫困地区，需要围绕各类"因病致贫返贫"对象及其目标构建多层次的治理体系才能得以防治。通过社会资本的参与，重建各种主动的管理机制、确立分级诊疗模式，才能使治理体系从消极转为积极，从低效转为高效。建立积极和有效的"因病致贫返贫"治理体系是精准扶贫的需要。一是通过对"因病致贫返贫"对象的分类瞄准和管理，建立对象早发现机制、早干预机制；二是通过确立农村分级诊疗模式，发挥基层医疗卫生机构作用，从而有效减轻农村居民的就医负担。

（3）加强能力建设，大力发展教育扶贫。要构建大扶贫格局，把扶贫与扶志、扶智结合起来。激发贫困群众内生动力，以摆脱精神贫困。除了产业扶贫、就业扶贫，发展教育扶贫是保证扶贫效果的可持续的重要措施，是拔除穷根的关键。要实现脱贫的长效机制，文化和教育的力量不可忽视，也是从本质上改变贫困地区贫困人群的思想，为脱贫致富提供不竭的精神食粮和动力。如恒大集团在贵州毕节市大方县大力实施教育扶贫工作，通过建学校、强师资、设基金等一系列措施，全方位补足当地教育资源缺口，已建成 11 所小学、13 所幼儿园、1 所中学和 1 所职业技术学院，并全部投入使用，与清华大学合作引进优质教育资源，远程教学平台已投入使用，已培训 550 名教师及管理干部，设立的恒大大方教育奖励基金，每年奖励 500 名偏远山区优秀教师和贫困家庭优秀学生。治贫先治愚，扶贫先扶智。扶贫、扶智、扶志"三位一体"相结合，从长远看是孩子们的教育问题，而实践中迫切的是加强贫困群体的能力建设，通过各种机制设计和制度创新，帮助贫困地区、贫困群体转变思想观念，实现贫困群体的自我脱贫。

第 5 章　PPP 模式支持脱贫减贫的应用

5.1　区域多维贫困评价体系的探索

　　脱贫攻坚是全面建成小康社会的标志性任务。改革开放以来，党和政府制定实施了《国家八七扶贫攻坚计划》《中国农村扶贫开发纲要（2001—2010 年）》和《中国农村扶贫开发纲要（2011—2020 年）》等扶贫规划，极大地改善了扶贫地区的生活条件，使贫困人口数量大幅减少。这些扶贫规划反映了中国贫困的发生形态与扶贫目标的变化，即贫困发生从绝对贫困到相对贫困，扶贫目标从单维（温饱）到多维（稳定实现贫困人口"两不愁三保障"，贫困地区基本公共服务领域主要指标接近全国平均水平）。

　　要达到这一目标，取决于我们如何衡量贫困，这会影响我们对贫困现状的分析和政策的实施。与传统以收入为单一维度作为贫穷衡量标准相比，过去几十年，越来越多的学者开始注重多维贫困的内涵。仅以收入作为衡量贫困的标准，虽然便于理解和操作，但也存在一定缺陷，尤其是随着我国扶贫理念由粗放转向精准，越来越多的非收入福祉维度被涵盖进了目标中，单一维度的贫困评价体系已经无法胜任现阶段扶贫攻坚任务对精准的要求，亟须补充其他方面的关键非收入属性加以辅助。同时，从多维的角度评价贫困，可以精准地识别贫困群体贫困现状，还可以深入分析造成贫困的原因，对症下药、分类施政，提高扶贫资金的使用效率。

多维贫困的概念最早可以追溯至 20 世纪 60 年代莫里斯（Morris）提出的物质生活质量指数。① 1998 年，诺贝尔经济学奖获得者阿玛蒂亚·森把能力论纳入贫困分析框架，使得多维贫困研究有了开拓性进展，此后多维贫困测度和分析成为贫困问题研究的热点。森把发展看作扩展人们享有实质自由的一个过程，实质自由包括免受困苦的基本可行能力。贫困是对人的基本可行能力的剥夺，而不仅是收入低下。② 衡量发展的福利包括两个方面：一方面是每个个体在社会上所实现的客观福利，例如人均纯收入；另一方面是每个个体对于其生活状况的主观评价，例如对孩子接受的义务教育是否满意，对新型农村合作医疗制度是否满意。③ 以往中国扶贫的主要精力更多地花在客观福利也就是收入的提升上。但随着贫困群体收入的显著提升，改善贫困个体对其生活状况的主观评价就将成为公共政策需要关注的主要方面。

多维贫困理论被提出后面对的最大挑战是如何对多维贫困进行测量。Alkire-Foster（AF）多维贫困测度方法是当前进行多维贫困测度和分析应用最广的方法之一。④

2009—2010 年，牛津贫困与人类发展倡议和 UNDP 人类发展报告办公室合作，编制了多维贫困指数（MPI）。第一轮评估于 2010 年 7 月发布（Alkire & Santos，2010），并于 11 月公开发表在《人类发展报告》（UNDP，2010）上。MPI 是第一个基于直接方法以国际可比方式衡量贫困的指数，

---

① Morris, M. D, "The Physical Quality of Life Index", *Development Digest*, 1980, 18 (1): 95-109.

② Sen, A., *Development as Freedom*. Oxford: Oxford University Press, 1999.

③ 王小林，Alkire, S., "中国多维贫困测量：估计和政策含义"，《中国农村经济》，2009 年第 12 期，第 4—10 页。

④ Alkire, S. Foster, "Counting and Multidimensiont Pooerty Measurement", *Journal of Public Economics*, 2007, 95 (7), 476-487.

其广泛覆盖面得益于更完整的家庭数据以及 AF 多维贫困测度方法。随后王小林和 Alkire（2009）也从住房、饮用水、卫生设施、用电、资产、土地、健康保险和教育等维度测算了中国的多维贫困现状，为减贫政策提供了新的参考。Alkire and Santos（2014）运用 AF 方法，从教育、健康和生活水平等三个维度（共 10 个指标）构建多维贫困指数，测度了超过 100 个发展中国家的多维贫困现象，进一步通过改变权重、改变剥夺临界值和贫困临界值等方法，检验了多维贫困指数的稳健性。Angulo et al.（2016）在 AF 分析框架下，从教育、健康、就业、儿童生活状况和居住环境等五个维度构建多维贫困指数，追踪考察了哥伦比亚全国范围内多维贫困的持续性变化，并分区域检测政府减贫政策的有效性。

衡量贫困的方法反映了人们如何理解贫困。MPI 可以帮助识别在某一方面没有达到最低需求的人，而基于收入标准的贫困线则认为贫困人口通常没有使其满足最低需求的收入。因此，在发展中国家，多维贫困的引入可以给决策者带来更多的信息，并直接、精准地识别出贫困现状。

5.2 PPP 模式在"五个一批"精准扶贫战略中的应用和发展

5.2.1 发展生产脱贫

发展生产脱贫是通过贫困地区当地实际资源情况，以市场为导向，通过发展特色产业、形成特色产品的方式，引导和支持所有有劳动能力的贫困人口依靠自己的双手开创美好明天，为自己带来持续稳定的经营性或财产性收入。

相对于其他扶贫模式，发展生产扶贫的特点在于"内生性"与"造血式"。通过引入经营性产业，使贫困地区能够以自身的发展来实现脱贫致富和长期稳定发展。具体来说：①统筹贫困地区劳动力人口、土地、林地、扶贫资金等各项资源，因地制宜形成特色产业；②提高贫困地区当地资源利用效率，通过集合贫困地区各类资源、形成规模经济、对接市场需求，充分有效利用当地资源；③将贫困人口与产业充分对接，在产业经营主体与贫困人口之间建立利益纽带，使贫困人口能够积极参与产业发展，学习技能、共同劳动、共享收益，实现永久脱贫。

鉴于社会资本能够为项目带来资金、专业技术、管理经验以及市场渠道，确保项目建设顺利、产品质量优良、运营管理科学、产品销售畅通，使项目能够通过自身发展获取足够收益以确实惠及当地贫困人口，同时政府可以在合作过程中结合国家贫困标准，重点针对脱贫人数、脱贫效率等指标对社会资本开展绩效考核，从而进一步督促社会资本发展特色产业、切实促进当地人口脱贫。

考虑到贫困地区的资源状况、项目资金需求、扶贫资金下达情况不同，政府在实际中可以采用多种模式开展产业扶贫PPP项目：

一是采用政府和社会资本共同出资建设的形式。政府出资部分通过扶贫专项资金等解决，社会资本通过自有资金注入项目资本金，并负责以项目公司的名义申请政策或商业性贷款。项目合作期内，由项目公司负责完成项目各项建设内容，搭建产业发展平台；项目建设完成后，由项目公司充分利用自身专业技术开展项目运营、发展特色产业，收益用于满足自身投资回报及扶贫收益；项目合作期满后，项目公司将资产无偿移交政府方。

二是采用政府出资建设、社会资本租赁的方式。项目建设期由政府方通过使用扶贫专项资金和政策性贷款的方式完成项目各项内容建设；项目建成验收后，由政府方将项目资产租赁给社会资本方，社会资本方按照合同约定支付各年承包租赁费，同时对项目资产开展运营；项目合作期结束后，社会资本方将资产无偿归还政府方。

在项目合作期内，贫困人口可以通过多种方式获取收入：①通过扶贫专项资金对应的收益,在政府和社会资本共同出资建设的形式中,主要是项目公司对股东的分红,政府方再将其按照比例分给贫困人口,在政府单独出资建设的形式中主要是租赁费的一部分,政府方应将租赁费还本付息后的剩余部分用于对贫困人口的分红和扶贫工作进一步开展的资金;②通过贫困人口掌握资源的使用费,在不同项目中,贫困人口可以将自身掌握的土地、林木等资源投入到产业发展项目当中,入股方式的可以获得未来的分红,租赁方式的可以在未来收取租赁费;③贫困人口的亲身参与,贫困人口可以结合项目实际情况以多种形式参与到项目发展过程中,如参与农作物、畜牧业养殖,走上餐饮、销售等服务业岗位等,直接获取销售收入分成、工资收入等。

鉴于产业扶贫"内生性""造血式"的特点,未来产业扶贫将在各类扶贫模式中占有重要地位,PPP模式也将在产业扶贫领域有更进一步发展:①要精准选取特色产业,政府方要做好相关规划,充分征求社会资本方的专业意见,开展市场测试,确保产业符合当地发展条件、具备足够市场需求、存在长期发展潜力,提高特色产业竞争力;②进一步加强社会资本的培育,壮大一些了解当地情况、适宜当地产业的社会资本,提高社会资本产业发展能力,同时强调社会资本对贫困人口的带动作用,增强对贫困人口就业的吸纳能力;③详细约定政府和社会资本间的权利和义务,按照"利益共享、风险分担、长期合作"的要求,明确政府方对社会资本的支持措施和社会资本方对贫困人口的利益保障措施,确保多方共同受益,增强各方参与的积极性;④加强保险支持力度,贫困地区各方面资源条件相对较差,在产业发展初期面临较大的不确定性,因此需要充分利用保险的支持作用,一方面推动保险公司出台适宜的险种,另一方面加强社会资本的风险管控意识,结合项目实际需要办理相关保险。

案例一

凤凰县全域旅游基础设施建设项目

凤凰县全域旅游基础设施建设项目总投资额为20.60亿元，主要包括凤凰县农村旅游公路建设项目、凤凰县饮马江湿地综合治理项目、山江镇特色小镇建设工程、凤凰县主城区风貌综合整治项目、凤凰县旅游公路景观提质建设工程、凤凰县全域旅游游客服务体系建设项目以及配套室外给排水、电气、消防等基础设施建设工程。凤凰县全域旅游基础设施建设项目实施后可以改善交通出行环境、促进当地旅游经济发展、提高贫困农民生活水平。

项目新建部分采用DBOT模式实施，道路、厕所、沿线景观提升等改扩建项目采用ROT模式实施。项目合作期为15年（2+13），由中选社会资本和政府出资代表与成立的项目公司负责项目设计、投资、融资、改建、新建运营和维护等工作，合作期满后，项目公司将资产无偿移交政府方或其指定机构。项目采用可行性缺口补贴的回报机制，项目公司通过项目范围内的停车收费、客栈、加油站出租、服务点出租、配套商铺出租、广告收费、自行车出租收入、电瓶车收入、接驳车收入等获取部分使用者付费收入，对于经营收入不能满足社会资本合理回报的，由政府根据绩效考核情况进行缺口补助。

凤凰县全域旅游项目的实施，可以将凤凰县多民族沉淀的文化呈现出来，更好地对这些文化进行传播和保护；发展全域旅游，实现精准扶贫，带动性强、覆盖面广，其直接收入效应包括新增本地就业、新增经营户、村民增收、集体经济增收等，间接收入效应包括增强招商引资吸引力等，可以激发一定区域的经济活力，有利于连片地区整体脱贫；项目道路工程将有效改善农村路网，解决农民出门难的问题，促进农业增效和农民增收，加快中高海拔地区贫困人口的脱贫步伐。

案例二

岢岚县宋长城景区一期、文体中心 PPP 项目

岢岚县宋长城景区一期、文体中心 PPP 项目总投资额为 3.49 亿元，包含宋长城景区一期和文体中心两个部分，其中宋长城景区一期主要为村庄外围景区建设工程，包括道路建设工程、河道整治工程、山体绿化工程、"宋城"项目完善工程、宋长城修缮保护工程、电力电信工程、环境卫生工程等，文体中心主要包括篮球、排球、乒乓球、武术、散打、跆拳道、拳击、摔跤、柔道等多功能场馆及其附属配套用房。

项目采用 BOT 模式运作，宋长城景区一期合作期 24 年（4+20），文体中心项目合作期 10 年（1+9），由政府出资代表和社会资本共同成立的项目公司负责项目的投融资、建设、运营维护工作，并在合作期满后将资产无偿移交政府方。宋长城一期部分采用缺口补贴回报机制，使用者付费主要包括门票、景区内部交通收费等，不足以弥补项目公司成本回收和合理回报部分，由政府给予项目公司可行性缺口补助；文体中心对当地民众免费开放，采用政府付费方式获取收益。

项目能够有效推动区域融合、互惠共赢，促进经济转型、环境保护，符合扶贫开发、城乡建设和文体事业统筹发展的需要，其中宋长城景区一期工程涉及多个贫困村的综合整治、旅游扶贫、交通扶贫等攻坚工作，在项目实施过程中，政府鼓励城镇和乡村居民利用自有住宅或其他条件依法从事旅游经营，开展具有浓厚当地乡土和历史文化特色的餐饮、住宿、交通、购物、文化娱乐全流程经营项目，同时，村民也可以作为服务人员加入到旅游项目中，实现旅游扶贫和旅游脱贫，农村集体经济组织还可以组织村民发展特色养殖和种植业，加强与企业互动，探索乡企互动、历史文化、军事主题等活动；对于自愿参加旅游开发的农村集体经济组织和乡村居民，项目公司采取统一经营管理、统一推广营销、统一价格、统一服务标准，打造吃、住、游、购等系列旅游产品，实现整个景区户户参与、人

人发力的大旅游格局；岢岚县文化局对积极参与文化旅游产业创新发展的企业、集体、个人将给予一定的政策扶持和鼓励，协调县相关部门给予一定优惠，鼓励项目公司进行标准化管理，构建创新平台，制定统一的绩效考核标准，从服务的质量、数量等方面进行统一考核，对积极创新、服务效果良好的经营户采用减免管理费、优先续签合同、提供经营技术指导等方式进行激励。

案例三

智慧日喀则建设（一期）项目

智慧日喀则建设（一期）项目总投资额为33.11亿元，主要包括基础设施平台类（包括大数据云中心暨指挥调度中心、政务云平台、公共应用支撑平台、信息安全云平台、智慧会议中心、智慧城市科技展厅、政务服务中心）、安全维稳监管类（包括公共安全视频监控建设联网应用项目、边境重点山口视频监控项目、智慧交通道路安全监管项目、警务云平台项目、综治维稳大网格项目、智慧消防项目、智慧司法项目、电子车牌项目）、安全生产监管类（包括智慧安监项目、智慧食药监项目）、政务管理类（包括智慧城管平台、智慧环保、智慧档案、智慧社区、智慧工商、智慧税务、项目信息管理、智慧管网、智慧电网、智慧水务、智慧车驾）、政务服务类（智慧交通出行服务、智慧教育、智慧医疗、智慧救灾救助、智慧养老、智慧社保、城市一卡通、智慧停车、智慧公交）和产业发展培育类（智慧文旅、智慧能源、美丽乡村暨特色小镇信息化配套、智慧物流、智慧农牧、智慧口岸、电子商务及征信平台、智慧大数据产业园区、文化产业园区）六个部分。项目合作期25年（2+23），采用BOT模式实施，由政府出资代表和社会资本共同成立的项目公司负责项目的投资、融资、建设、运营，合作期满后将资产无偿移交政府方。项目采用可行性缺口补助的回报方式，使用者付费主要包括智慧产业和智慧民生部分向用户收取的服务费等，不足部分通过基于绩效考核的可行性缺口补助方式获取收入。

大数据精准扶贫项目将建成全市精准扶贫大数据平台，建设精准扶贫数据库，实现对扶贫对象的统一采集（移动采集+网络上报）、统一管理（分类识别、精准帮扶、多维分析、成效评价），实现对市级所有区域及区县重点区域全覆盖，有效支撑扶贫工作开展；项目开展将有效促进新型城镇化发展，改善当地民生，支持相关产业发展，带动产业升级和结构调整，促进当地经济发展和贫困人口增收。

案例四

盐津县落雁乡基本农田保护和农业生态旅游 PPP 项目

盐津县落雁乡基本农田保护和农业生态旅游 PPP 项目总投资额为 8.49 亿元，包括基本农田保护区和落雁乡旅游风景区两部分，其中基本农田保护区主要包括农业示范区改造、道路改造、退耕还林改造、铺装场地、相关建筑、配套设施、水系景观、标识系统、场地清理、应急救援设施、垃圾处理设施等，落雁乡旅游风景区主要包括三龙滩水库旅游区、龙塘峡谷湿地及景区、万亩农业主题示范园、落雁浪漫小镇等。

项目合作期 30 年（基本农田保护区 2+28，落雁乡旅游风景 3+27），采用 BOT 模式实施，由政府出资代表和社会资本共同成立的项目公司负责项目投资、设计、建造和运营管理，合作期满后将资产完好无偿移交给政府或指定的其他机构。项目采用使用者付费的回报方式，使用者付费主要包括景点类收入、停车场收入、休闲娱乐类收入、农业类收入、场馆类收入、场地出租类收入等。

项目以基本农田、自然风景构建和农业旅游体验为特色，促进休闲农业和乡村旅游发展，通过产业发展繁荣农村、富裕农民。

5.2.2　易地扶贫搬迁脱贫

易地扶贫搬迁脱贫是将生活在缺少生存条件地区的贫困人口搬迁安置到其他地区，并通过改善安置区生产生活条件、调整经济结构或拓展增收渠道等方式，帮助搬迁人口脱贫致富，推动当地经济发展。

易地扶贫搬迁脱贫的突出特点是可以实现"输血"与"造血"，即外部支持与内在动力的统一。部分贫困地区存在位置偏远、交通不便、土地贫瘠、自然灾害多发等多种不利因素，对当地发展存在先天的限制性因素，因此采用易地扶贫搬迁的方式，将上述地区的贫困人口集中安置到适宜地点，配套相应的基础设施和公共服务设施，改善贫困人口的生活状况，为产业发展创造条件，将在很大程度上解决贫困人口的稳定发展问题。

鉴于易地扶贫搬迁工程涉及较多工程建设内容，所需资金量较大，通过PPP模式能够在很大程度上解决政府财政扶贫资金不足的问题，同时可以提高项目建设和运营的效率：由社会资本按照政府方约定的建设范围筹集资金并完成项目各项建设内容，在运营期内负责对搬迁安置点开展日常运营维护，在合作期结束后将项目设施无偿移交政府方。部分项目除了基础设施和公共服务设施，还要求社会资本同时负责整理恢复耕地、建设农业大棚、旅游设施等工作，并通过技术支持、技能培训等方式协助异地搬迁贫困人口发展生产或走上保洁、接待、销售等服务业岗位，促进贫困人口增收脱贫。针对不同的易地扶贫搬迁工程，部分项目更偏向于基础设施建设，或者在后续产业发展服务中仅提供技术辅导等类型的服务，而不直接参与生产和收益分享，未来的使用者付费可能无法满足项目还本付息及社会资本获取合理收益的需要，此时需要政府方为项目公司提供一定的可行性缺口补助，政府应结合项目设施运营维护情况以及产业发展辅助效果情况对项目公司进行考核后，根据考核结果向项目公司付费。

"十三五"以来，我国易地扶贫搬迁的数量较大。补助标准也有所提高，因此资金需求也较大。未来易地扶贫搬迁领域的PPP项目仍有一定的发展空间，考虑易地扶贫搬迁"搬得出、稳得住、能致富"的需要，在部分方面仍有进一步完善的空间：①加强易地搬迁扶贫的后续帮扶工作，目前易地扶贫搬迁PPP项目中以基础设施建设为主的项目较多，可以进一步完善项目内容和合作边界，充分利用社会资本的专业技术和能力，为搬迁人口的稳定脱贫提供助力，确保贫困人口"能致富"；②政府方需要充分协调贫困人口和社会资本之间的关系，如针对安置房建设方面，一般需要贫困人口自身支付一定的资金，对于该部分资金的收取和使用，大多需要政府方的协助和监督。

案例五

安徽省宿州市灵璧县钟灵毓秀·金色名郡棚改安置房PPP项目

安徽省宿州市灵璧县钟灵毓秀·金色名郡棚改安置房PPP项目总投资额为13.04亿元，项目主要包括金色名郡住宅小区和钟灵毓秀住宅小区。金色名郡住宅小区工程地块面积为110 792.58平方米，钟灵毓秀住宅小区工程总用地面积为40 859平方米。两处用地使用性质均为居住用地，可兼容商业用地，均包括地下室、住宅建筑、配套商业用房、社区服务用房、养老用房、物业用房、室外景观、道路管网等。合作内容包括项目设计（方案设计、初步设计、施工图设计）、投融资、建设、运营、移交等。项目的实施有助于加快解决困难群众住房难问题，同时对盘活资金、加快经济增长具有重要意义。

本项目采用BOT模式，合作期限15年，回报机制为政府付费。项目设立项目公司，灵璧县住房和城乡建设局授权其平台公司作为政府方出资代表，与社会资本共同出资组建项目公司。项目公司负责项目的投融资、建设、运营维护工作，并在合作期满后将资产无偿移交政府方。

本项目通过 PPP 模式进行运作，不仅对缓解县政府债务具有积极作用，还能有效改善棚户区附近居民生活环境、提高棚户区居民生活质量、降低县政府招商引资成本及风险，吸引更多社会资本投资进驻。项目建成后将成为棚户区改造试点的一张明信片，为灵璧县后续发展提供强有力的支撑。

案例六

四川省宜宾市翠屏区长江工业园区长江南路、宋园大道、快速路、一期起步区次干道和安置房一期工程

四川省宜宾市翠屏区长江工业园区长江南路、宋园大道、快速路、一期起步区次干道和安置房一期工程项目总投资额为 27.58 亿元。项目由三部分组成，包括园区道路、园区安置房一期以及运营期内道路和安置房项目的管理维护。本项目实施后可以改善交通条件、优化投资环境、提升拆迁安置户的居住条件，对促进区域经济快速发展具有重要意义。

本项目采用 BOT 模式实施，合作期 12 年，回报机制为政府付费。翠屏区政府授权翠屏区工业园区管委会为实施机构，通过公开招标方式，确定社会资本投资人参与本项目，宜宾力锐投资建设有限责任公司与社会资本投资人共同出资成立项目公司，政府将项目投融资、建设、运营维护及资产移交等全部交给项目公司。

项目建成后将成为翠屏区发展工业主要载体，有利于承接中、东部地区产业转移，构建宜宾市沿江产业园区串珠式发展，打造宜宾市工业经济转型升级新平台。

案例七

江西省九州市永修县棚户区改造安置房龙山小区（二期）PPP 项目

江西省九州市永修县棚户区改造安置房龙山小区（二期）PPP 项目总投资额为 2.88 亿元，总建筑面积约为 122 824.97 平方米，其中，规划建设 3 栋 18 层住宅、11 栋 11 层住宅，住宅建筑面积约为 96 866.03 平方米；规划建设 13 012.56 平方米的 1F—2F 商业店面，1 929.28 平方米的车库、储藏间，2 918.43 平方米的幼儿园，267.18 平方米的物业用房，607.7 平方米的社区用房及其他相关配套设施。

项目采用 BOT 模式，合作期限为 10 年，由政府出资代表和社会资本共同成立的项目公司负责项目的投融资、建设、运营维护工作，并在合作期满后将资产无偿移交政府方。永修县棚户区改造安置房龙山小区（二期）PPP 项目属于社会效益突出但经营性收费不足以覆盖投资成本的公共服务项目。故本项目中的社会资本在项目中投入的资本性支出和运营维护成本采用"可行性缺口补贴"的回报机制，不足部分由政府承担责任。

项目区域内市政配套设施较为落后，本项目新建道路、供水、供电、供气线路，扩大城市基础设施服务范围，对推动社会公共基础设施水平的提高、提升社会保障基础服务能力具有重大的作用。项目建成以后，当地经营环境将得到显著改善，商贸业档次将有大幅提升，能吸引新的投资，提供更多的创业机会和就业机会，促进当地的就业与再就业，为当地居民提供更多的收入来源，增加当地居民收入，有效提升居民生活质量。

5.2.3 生态补偿脱贫

生态补偿脱贫是指加强贫困地区生态环境保护与治理修复，提升贫困地区可持续发展能力，实施退耕还林、退牧还草、石漠化治理、水生态治理等多种生态工程，改善当地生态失衡、水土流失严重等情况，让有劳动能力的贫困人口就地转成护林员等生态保护人员，以增加贫困人口的生态补偿收入，使贫困人口通过参与生态保护实现就业脱贫。

生态补偿脱贫在几种脱贫方式之中相对难度较大，主要体现在几个方面：①对管理要求较高，贫困地区生态修复工程一般占地范围较大，贫困人口的技能素质相对不足，确保对广大区域内的生态工程进行完善的日常管理和监督，对有关方面提出了较高的要求；②经济效益相对缺乏或者所需周期较长，由此需要政府前期较大量的资金投入，且会对贫困人口的稳步脱贫造成一定影响。考虑上述内容，生态补偿脱贫相对适合采用PPP模式实施，一方面，社会资本能引入先进的管理技术和丰富的管理经验，建立区域管理制度和完备的人员考核制度，提升生态工程管理水平；另一方面，社会资本更加了解市场，能够为生态工程实现经济效益提供助力，从而推动贫困人口脱贫。

整体而言，生态补偿扶贫PPP项目可以采用如下运作方式：由社会资本筹集资金完成生态工程各项建设内容并通过政府验收；社会资本在运营期内负责对生态工程进行日常的运营维护，为贫困人口提供足够的生态公益岗位，并对贫困人口参与生态工程开展培训和管理，确保生态修复效果的长期实现；对于不同地区和项目分类施策，发展林业、种植业、旅游业等生态治理产业，增强生态工程的经济效益，促进贫困人口长期稳定脱贫；生态工程可能缺乏足够的经济效益以满足社会资本还本付息以及获取一定投资收益的需要，此时需要政府方提供一定的可行性缺口补助，并根据社会资本的生态工程维护情况、就业促进情况等绩效考核结果确定；合作期结束后，社会资本方将项目资产无偿移交政府方，尤其是要将整体运营维护过程中的相关制度、技术、文档记录等移交政府方，合理保证政府方后续的运营水平不显著低于PPP项目合作期内的水平。

鉴于我国目前生态补偿扶贫项目整体较少，故而该领域PPP项目也相对较少，考虑到PPP模式的优势，未来PPP模式在生态补偿扶贫领域将会具有更好的前景：①应更加充分地考虑生态工程经济效益的问题，充分考虑利用社会资本专业能力和市场资源配置作用，发展复合产业，延伸项目产业链，增加单位面积土地产出率，破解"生态不经济、经济不生态"的难题，多方面增加贫困人口收入，确保贫困人口长期稳定脱贫，同时也可以减少政府对社会资本方的补助，为此可以根据项目实际情况适当延长项目合作期；②要加强对参与项目贫困人口的管理，通过采取发放绩效工资等形式，引导贫困人口积极、认真完成各项管护工作，既完成扶贫攻坚任务，也要保证生态工程的管护质量。

案例八

湖南省湘西自治州花垣县环境综合治理PPP项目

湖南省湘西自治州花垣县环境综合治理PPP项目总投资额为2.36亿元，其中新建项目2个、委托运营项目4个，新建项目主要为花垣工业集中区污水处理厂及配套管网建设项目，以及湘西国家农业科技园区配套给排水工程项目，委托运营项目包括花垣县锰矿山区猫儿污水处理厂、排吾污水处理厂、民乐污水处理厂和电解锰含铬废渣无害化处置场。

项目采用BOT加O&M模式实施，合作期30年，由社会资本和政府出资代表共同成立的项目公司负责综合整治项目的投资、运营、维护及管理工作，合作期结束后将项目资产及资料移交政府方或指定机构。项目采用可行性缺口补助的回报方式，使用者付费主要为污水处理费和废渣处理费，不足部分通过缺口补助解决。污水处理费和废渣处理费由政府指定机构收取，全额上缴并纳入政府基金预算，用于支付项目公司污水处理费、废渣处理费和缺口补助，缺口补助根据政府绩效考核结果确定，同时设置基本处理量和超额利润分配机制。

通过花垣县环境综合治理项目的实施，解决处理能力不足、进水水质偏差较大、设备老化、操作人员专业知识和技术水平欠缺等问题，提高环境承载能力，满足城镇化和经济发展需要，优化县域环境；项目机制设定中包含定量奖励部分，对于直接吸纳本地人口就业达到 100 人的，政府直接奖励项目公司 10 万元。

5.2.4　发展教育脱贫

"扶贫先扶智，治穷先治愚"，发展教育脱贫就是要通过提高贫困人口的个人素质和劳动技能，使贫困人口克服"等靠要"的思想，阻断贫困代际传递，促进贫困人口参与生产经营，从而实现致富脱贫。

教育脱贫的特点在于：①具有一定的二元性，它既是扶贫的目标，也是扶贫的手段，即一方面要进一步加强教育投入，解决贫困地区教育资源缺乏的问题，另一方面要通过教育解决贫困人口脱贫致富的问题；②教育扶贫对于精准的要求较高，不同素质的群体对于教育的需求可能不同，如受过基础素质教育的群体对于电子商务的接受能力可能更高，不同年龄阶段群体对于教育的需求也不同，如学生阶段主要学习基本技能和知识、促进自身身心健康发展，成人阶段主要学习工作所需技能等；③对人力资源的需求更高，除了改善办学条件，教育还需要大量教师到贫困地区工作，而教学质量的进一步提升也离不开优秀教师的参与，但目前乡村教师中"来不了、下不去、留不住"的问题依然存在。

贫困地区存在教育水平偏低、办学条件较差、资金保障不足的情况。因此，可以采用 PPP 模式，充分发挥社会资本在教师资源、教学技术、教学基础设施管理、资金等方面的优势，增加贫困地区教育供给，促进贫困人口脱贫。前期由社会资本方筹集资金开展教学基础设施建设，改善当地办学条件；运营期根据需求由社会资本开展服务，部分项目可能仅由社会资本方开展后勤保障服务，核心教育仍由政府方负责，部分项目则完全由社会资本方负责教育、后勤等各方面服务，对于部分项目而言，还可要求社会资本积极对接市场，为职业教育、技能培训的学生提供就业信息对接渠道，促进受教育学员就业，避免"毕业即失业"的情况发生。对于贫困地区教育而言，PPP模式公益性较强，学生每年缴纳的费用可能无法覆盖项目成本、无法使社会资本方获取一定收益，因此需要政府方使用本级财政资金或教育扶贫专项资金提供一定的可行性缺口补助，可行性缺口补助根据绩效考核结果确定，考核内容根据实际情况可包括教学质量、教学设施维护情况、学生满意度、毕业生就业率等；合作期结束后，一般仅负责后勤服务方面的社会资本方将项目资产无偿移交政府方，对于社会资本提供核心教育服务的项目，则也可以考虑项目不移交，由社会资本方持续提供教育服务。

目前仍有大量贫困偏远地区的教育问题亟待解决，未来社会资本在更好地发挥其在资金、人力、技术方面优势的情况下，可以在教育扶贫领域有更大的作为：①进一步挖掘专业社会资本的资源，目前我国在民办教育方面已经涌现出了一批优质的社会资本如新东方、蓝翔、北大青鸟等，各地也大多存在本地发展良好的民办教育社会资本，未来教育扶贫应充分挖掘上述社会资本的资源，将PPP项目合作内容向核心教育服务进一步延伸，提供优秀的教师团队，且充分利用民办教育社会资本已经具备的实训基地、就业信息渠道等独特优势，提供内容丰富、教学方法灵活、适合贫困人口自身需要的教育服务；②创新扶贫方式，除了过去通常的建设教育基础设施并开展运营维护，还可以考虑由政府方直接为贫困人口购买教育服务，如政府同社会资本方签订协议，每年由政府方补助部分人员到社会资本现有场所接受教育或提供实习机会等，对于部分区域，还可以考虑采用互联网教学的方式，由社会资本方搭建互联网教学平台并教授贫困人口使用方法；③注重实用性，除了义务教育，也要鼓励社会资本从就业市场需求出发提供职业技术教育服务，除长期入学教育外，也可考虑举办培训班和训练营等短期教育活动，为贫困人口提供实用的教育内容，并可在培训结束后直接联系用工企业通过双选会等方式促进贫困人口和用工企业的沟通交流，打通就业渠道。

案例九

四川省凉山州雷波县教育均衡发展及学前教育基础设施 PPP 项目

四川省凉山州雷波县教育均衡发展及学前教育基础设施 PPP 项目投资额为 3.77 亿元，主要包括学前教育、锦屏小学、金沙中学三个部分，建设内容主要包括房屋建筑、教学活动设施设备、场地等。

本项目合作期 11 年 (1+10)，由政府和社会资本共同成立的项目公司负责项目的投资、融资、建设、运营维护工作，其中项目公司负责锦屏小学和金沙中学两所学校的后勤（含教学及辅助用房、行政管理及教研用房、后勤及生活用房、建筑用地、体育运动场地、集中绿化用地等日常保洁、绿化等工作；给排水系统、建筑电气系统、采暖通风系统、电梯及弱电系统等日常维护及维修）以及学前教育的运营（包括行政管理、教学管理、后勤管理、安全管理、食堂管理、宿舍管理等）工作，并在合作期满后将项目无偿移交政府方。项目采用可行性缺口补助的回报方式，项目公司通过学前教育获取相关收益，不足部分通过基于绩效考核的可行性缺口补助获取回报。

通过雷波县教育均衡发展及学前教育基础设施 PPP 项目的实施，可以缓解学前教育不足，小学、初高中入学难的问题，为学生创造更好的就学环境，保障人民群众享受优质教育资源的权利；本项目学前教育为普惠性民办幼儿园，要求达到办园基本标准、面向社会大众招生、实行政府定价，收费将不高于同类公办幼儿园；项目将一部分核心教学工作交予社会资本开展，更加有利于引进先进管理经验，促进教学质量提高。

5.2.5 社会保障兜底

社会保障兜底扶贫是指以政府为主的参与主体通过加强社会保障与扶贫开发的衔接整合，从多渠道筹集资金，利用社会救助、社会保险和社会福利三大制度，以不同路径和补贴方式向贫困地区人口或贫困家庭提供现金、实物或医疗服务等援助，帮助贫困地区社会保障对象摆脱贫困，提升贫困人口和贫困家庭的生存发展能力。①

社会保障兜底扶贫的特点在于系统性与统筹性。在开放动态的扶贫过程中，以政府统筹为主导，确保贫困地区社会保障兜底扶贫作用的充分发挥。

改革开放四十多年以来，我国扶贫开发工作取得巨大成就，农村贫困人口绝对数量呈现大幅下降态势。但在目前的贫困人口中，仍有相当数量的因病致贫、因病返贫人口。除此之外，孤寡老人、留守儿童、残障人群等群体，因自身劳动能力不足，无法充分参与生产经营活动，因此政府需要采用社会保障兜底的方式，通过低保兜底、社会救助兜底等多种措施，保障上述贫困人口的基本生活条件，使贫困人口摆脱绝对贫困。

在社会保障兜底的各种措施中，有一些属于公共服务的范畴，比如养老、医疗等，在这些领域可以通过引入社会资本的方式，增加公共服务的供给，提高项目运行效率：前期由社会资本方筹集资金进行养老院、敬老院、医疗服务站等基础设施建设，配齐所需设备设施；项目建设完成后由社会资本方负责日常的运营维护，主要包括保洁、用餐等后勤服务，设备设施维护，老年人口照料养护等，医疗服务方面，目前多数项目仍需要由政府方提供，社会资本方提供核心医疗服务的项目仍然较少；运营期内，政府方充分统筹社会保障兜底专项资金，根据社会资本设备设施维护情

---

① 公丕明、公丕宏，"医疗救助在健康扶贫中的作用分析"，《云南民族大学学报（哲学社会科学版）》，2018 年第 34 期，第 89—96 页。

况、基础公共服务质量、相关人员满意度等绩效考核结果向社会资本支付服务费或可行性缺口补助；合作期结束后，社会资本方将项目设施无偿移交政府方，对于社会资本方提供核心公共服务的，可以考虑继续采用政府购买服务的方式为贫困人口持续购买后续的公共服务。

除了养老、医疗等基本公共服务，政府也可以采用引入社会保险的方式，统筹财政资金和个人自费资金以购买贫困人口的医疗保险、养老保险、意外保险等，解决因病致贫、因病返贫、因灾致贫、农村老年贫困人口基本收入低下等问题，进一步提高社会保障兜底的水平。

考虑社会保障兜底针对人群的特殊性，该类群体属于各类贫困人口中最难脱贫也是最易返贫的群体，属于扶贫工作中难度最大的硬骨头，因此在未来剩余年限内将受到越来越多的关注，社会保障兜底的作用也将越来越凸显，也更加需要社会资本积极参与到社会保障兜底过程中，以确保完成扶贫攻坚任务。具体来说，①充分考虑社会保障兜底脱贫与其他脱贫方式的衔接，尽可能发挥贫困人口自身的主观能动性，如在发展教育脱贫过程中对具备一定劳动能力的贫困人口进行日常照料养护方面的教育培训，并要求社会资本聘用前述贫困人口到建设的养老院、幼儿园等工作，尽量使贫困人口在脱贫的同时实现自我价值；②进一步拓宽社会资本参与渠道，除了进一步发挥社会保险资金、产业资本等的作用，也可充分发挥慈善组织的作用，针对各地贫困人口实际情况和需要，设计相应的募集项目，为社会保障兜底筹集资金；③加强对统筹使用的扶贫资金的监管，对于社会保障兜底脱贫而言，使用者付费较少，贫困人口自身的困难程度更高，需要大量的财政资金支持，政府方将有关扶贫资金交由社会资本统筹使用提供公共服务后，应敦促社会资本资金向贫困人口公开资金使用情况和公共服务提供情况，确保贫困人口的知情权和监督权。

案例十

湖南省永州市新田县生态健康养老医疗中心建设项目

湖南省永州市新田县生态健康养老医疗中心建设项目总投资额为42 766万元，主要包括1栋5层的门急诊楼、1栋4层的医技楼、1栋3层的医务综合楼、1栋7层的住院楼、1栋5层的专家公寓、2栋3层的康复活动中心、1栋3层的膳食营养中心、1栋5层的后勤行政中心。另配套锅炉房、污水处理站及地下停车场，并配置医疗养老设施设备。

项目采用BOT模式，合作期限为20年，回报机制为可行性缺口补助。项目由新田县城市建设投资发展集团有限公司作为政府出资代表，与中标的社会资本共同出资组建SPV项目公司。本项目自有资金占总投资的20%，其中政府方出资876.57万元，社会资本出资7 889.15万元。本项目中社会资本方的主要权利义务有：①主持项目公司运营管理的相关事宜；②参与项目公司经营管理中的重大决策；③分享项目公司的收益；④办理成立项目公司所需要的有关手续；⑤按约定提供项目资金；⑥协助项目公司进行融资。

项目建成后，将成为当地养老医疗领域的一张明信片，有助于缓解当地老年人养老服务需求。

案例十一

新疆维吾尔自治区阿克苏地区乌什县休闲养生养老基地建设项目

新疆维吾尔自治区阿克苏地区乌什县休闲养生养老基地建设项目总投资额为6 700万元。项目占地面积为200 000平方米，建筑面积为22 333平方米，主要建设内容为老年养护楼、老年活动中心、花园、走廊、室外健身场、地面硬化及配套附属设施建设。

项目采用 BOT 模式，合作期限为 22 年，回报机制为使用者付费。由政府出资代表和社会资本共同成立的项目公司，负责项目的投融资、建设、运营维护工作，并在合作期满后将资产无偿移交政府方。

加快社会养老服务机构建设、逐步满足老年人养老的差异需求、提高老年人的生活质量，是落实党中央和国务院的方针政策、构建和谐社会的重要举措。满足老年人日益增长的物质和文化生活需求，让老年人充分享受经济建设和社会发展的成果，是现代社会的基本要求和重要标志，同时对促进两个文明建设、实现现代化战略、保持社会和政治的稳定，具有十分重要的意义。

近年来，乌什县老年人数量不断增加，加之相关养老机构原有的基础设施简陋、服务设施设备严重落后，相当一部分老年人并未得到良好的照顾，逐渐制约和影响了老年人安享晚年，加剧了社会不稳定。总体上看，乌什县生活贫困群体多，60 岁以上的老年人居多，老龄人口呈现出增长速度快、高龄化趋势明显、家庭养老功能弱化、空巢老年人多、失能老年人多的突出特点。因此，统筹规划建设乌什县休闲养生养老基地，由国家优抚资金予以保障，供养农村无劳动能力、无生活来源、无法定抚养义务人的孤寡老年人，具有重要意义。

依托什干河国家湿地公园和沙棘林湿地旅游景区发展，本项目着力打造休闲养生养老基地。项目建成后，有助于拉动内需、扩大就业，并缓解各族老年人的养老服务需求，促进乌什县旅游业发展。

案例十二

山东省菏泽市巨野县社会养老服务中心 PPP 项目

近年来，山东省菏泽市养老服务业有了一定发展，但仍然存在市场化程度不高、政府投入不足、政策扶持力度不够、服务场所少、服务水平低等问题，远远不能满足广大老年人及其家庭的实际需要。加快发展养老服务业，是关注民生、构建社会主义和谐社会的重要内容，是提高老年人生活质量、建设小康社会的客观要求，也是拉动消费、增加就业、促进国民经济又好又快发展的有效措施。

巨野县社会养老服务中心PPP项目投资估算总金额为10.5亿元，本项目总占地面积为146 667平方米，分区建设单元式老年公寓、集合式老年公寓、凤凰敬老院、老年人康复中心、老年人托养中心、精神康复中心；配套建设老年活动中心、餐厅娱乐中心、社区商业服务中心；批准设置养老床位2 000张，精神病患者床位200张。

项目采用BOO模式，回报机制为可行性缺口补助。设立项目公司，项目公司将全部由社会资本方出资；政府方将以授予特许经营权的方式，特许项目公司运营巨野社会养老服务中心项目，特许经营期限为30年，运营期为27年，建设期为3年，自运营期开始可实现逐步满负荷运营。

项目建成后，将有助于改善民生、扩大内需、增加就业、推动经济转型升级。

第6章 政策建议

6.1 宏观治理层面

我们对PPP模式支持脱贫减贫宏观治理层面的政策建议如下：

一是要完善贫困地区推广PPP项目的法律法规体系，营造良好的PPP项目投资和制度环境，充分发挥政府对社会资本的引导和推动作用。要明确PPP项目立法的参与机构，协调好各职能部门之间的相关工作职责，加快推进我国PPP项目的立法进程，进而加快完善贫困地区推广PPP项目的相关法律法规体系；对现有涉及PPP项目推广和应用的相关法律法规进行补充、修改和完善，进一步强化现有法律体系与PPP项目推广和应用之间的衔接和有效协调，避免与减少各种法律法规的争议和冲突；通过加快推进PPP项目立法，进一步明确政府和社会资本参与PPP项目建设应各自承担的法律责任与义务，进一步明确其责权利关系，最终推动PPP项目单一法案的形成。同时，还要加强PPP项目文件和内容的规范与管理，制定统一规范的管理制度及优惠政策，对贫困地区推广和应用PPP项目，可以从土地、税收、投资、信用贷款、审批手续等方面给予政策支持，地方政府还可以通过制定推动贫困地区PPP项目建设的相关规章制度，进一步推动PPP项目投资和制度环境的完善，为社会资本参与PPP项目建设营造良好的发展环境。而且，通过推动PPP项目立法和制定相关规章制度，有利于明确和规范政府在PPP项目中应承担的责任和义务，更好地发挥政府作为PPP项目监督者和合作者的角色作用，充分激发社会资本参与PPP项目建设的活力和积极性，进而提升公共产品和服务的供给质量与效率，更好地实现政府对社会资本参与PPP项目建设的引导和推动作用。

二是要更好地发挥政府的主导作用，将政策含金量转化为贫困人口获得感。政府部门负有治理贫困的责任，在PPP模式下，政府职能部门要发挥好引导作用。首先，要做好政府行政职能改革和市场环境净化，如建立完善的PPP扶贫项目联审机制、营造公平竞争的招投标环境等，为市场配置资源打好基础，为社会资本唱戏搭好舞台。其次，加强对社会资本的引导、监督和指导，而不是仅仅把社会资本当成融资的工具。依据市场成熟度和当地扶贫领域的特点，引导社会资本采取合适的PPP合作模式。在PPP扶贫项目的识别阶段，充分利用社会资本优势对接贫困地区及贫困者诉求，确保扶贫项目安排精准。利用合同及行政监督等手段，确保项目规范化运作。在公私合作中，政府的首要角色是通过公私合作合同以及建立的相关监管体系，避免公共福利的供给沦为私人部门牟利的手段，确保贫困地区、贫困村、贫困群体的合法权益不受侵害。在政府贫困治理框架内，应把握改革方向，掌握实践规律，总结扶贫项目实施过程中的经验教训，利用大数据等技术手段加强对扶贫项目的指导。最后，设立相关组织机构，做好人员保障工作。根据地方贫困治理及项目实施的实际情况，可以成立相应的工作中心或领导小组并配备相应的技术工作人员。同时，通过制定相关的PPP项目培训规划，整合有关PPP项目培训资源，有针对性、选择性地开展专题培训，培养出一批高端、复合型的技术人才，从而更好地推进PPP精准扶贫、精准脱贫项目的推广。此外，发挥好PPP专家的智力作用，广泛吸收各类社会扶贫组织的力量，集智集力构建大扶贫格局。

6.2 中观机制层面

我们对PPP模式支持脱贫减贫中观机制层面的政策建议如下：

一是要提高PPP项目扶贫的精准性，建立PPP精准扶贫、精准脱贫项目的示范及加强服务平台建设。根据贫困地区公共产品和服务提供状况，并依据项目建设条件的成熟状况，有选择性地引进PPP项目，为推进贫困地区扶贫攻坚任务注入新的资金和发展活力，进一步强化PPP项目为贫困地区精准扶贫、精准脱贫服务的功能；在引入贫困地区PPP精准扶贫、精准脱贫项目过程中，要注重提升项目扶贫的精准性，需要将PPP项目的引进、建设与对贫困地区、贫困村和贫困群体的脱贫任务对接起来，既要将PPP项目引入到贫困地区的交通、供水、供电、供气等公共产品与服务的建设中，更好地帮助贫困地区、贫困村和贫困群体解决公共产品和服务供给不足等诸多问题，又要与贫困群体的自我能力提升、收入增加及脱贫相结合，确保全面、深入地推动贫困地区精准扶贫、精准脱贫任务的实施。同时，积极推进贫困地区PPP精准扶贫、精准脱贫项目的示范建设，为贫困地区PPP项目的引进和落地实施供示范，充分发挥PPP项目在精准扶贫、精准脱贫中的积极作用。根据贫困地区的贫困状况，结合贫困地区的资源条件、优势及其面临的实际问题，并注重PPP扶贫项目的财政承受能力、合作伙伴选择、风险管理和绩效评价等，针对交通、供水、供电、供气、医疗、教育、扶贫产业等重点扶贫领域，筛选一批扶贫项目。实施PPP项目示范，有利于发挥PPP示范项目的带动效应，推动更多的PPP扶贫项目在贫困地区落地实施。同时，还要加强贫困地区PPP项目服务平台建设，强化项目的信息化发布和管理功能及跟踪指导，有利于管理项目和增强其示范效应，确保PPP精准扶贫、精准脱贫项目的顺利实施。

二是要完善贫困地区PPP精准扶贫、精准脱贫项目的运行机制，构建统一规范的服务运作体系。①加快完善贫困地区PPP项目投资回报机制。通过对PPP项目确定合理的价格和收费标准，构建科学合理的价格形成机制，确保社会资本取得合理的收益，实行损益分担机制，合理分享超出的部分收益以及合理分担协议约定的投资亏损，此外，还要综合考虑社会资本的投资收益及亏损情况，实行可以动态调整的投资补贴机制，尽可能降低贫困地区PPP项目的经营成本和企业投资压力，确保企业获得合理的投资回报。②建立合理的风险分担机制。通过合理划分政府和社会资本之间的责权利关系，明确各方的投资风险承担范围，并根据投资风险的变动情况，对风险实行动态调整，尽可能地降低投资风险，同时要加强投资风险防范，强化对贫困地区PPP项目的财政承受能力论证和物有所值评估，将投资风险控制在可控的范围之内。③构建PPP项目投资退出机制。通过明确贫困地区PPP精准扶贫、精准脱贫项目的退出条件，在PPP项目无法按照合同约定的情况继续履行时，应为社会资本退出项目合作提供可行的渠道，并在退出审批方面提供支持，同时明确违约方应承担的违约金及赔偿责任等。④完善贫困地区PPP项目建设保障机制。明确各部门的工作职责和要求，强化各部门之间的沟通和协调，推进贫困地区PPP项目的顺利落地；还要强化对PPP项目的政策支持和监管，既要从政策上保障项目的顺利推进，也要加强对项目的监督管理，确保公共安全和利益得到有效保障。此外，还要积极构建贫困地区PPP项目统一规范的运作体系。需要从贫困地区PPP项目储备、项目遴选、合作伙伴选择、项目合同管理、项目监督管理、项目绩效评价和退出机制等方面构建统一规范的PPP项目运作体系，以便加强对贫困地区PPP项目的规范管理，促进PPP精准扶贫、精准脱贫项目的规范有序运行，更好地提升PPP项目的质量和运作效率。

6.3 微观项目层面

我们对PPP模式支持脱贫减贫中微观项目层面和政策建议如下：

一是要提高贫困地区人力资本存量，注重扶贫对象的项目参与度。PPP扶贫项目实施的最终目的是保证贫困地区及人口的顺利脱贫，这是评判贫困治理效率的必要条件，因此要注重扶贫对象的项目参与度，借助于项目的实施和发展，提升贫困者自身发展能力，改善收入分配状况，实现自然而然脱贫。要建立PPP项目扶贫对象参与的框架性机制，在立项决策、竣工验收和运营等全寿命周期内拓展扶贫对象参与项目的方式。具体而言，贫困者参与项目的实施无外乎人、财、物三个方面。"人"的方面，通过个人或组织（如农民专业合作社）等形式参与项目；"财"的方面，从资产扶贫的角度将贫困者的资金资产纳入项目运作体系；"物"的方面，运用市场机制激活各种资源要素（包括土地、矿产、山地、林地等有形资源要素以及文化、专利等无形资源要素），以入股或租赁等形式参与项目的发展，使贫困地区和贫困者享受发展红利。

二是要创新PPP扶贫绩效管理。PPP项目中有对全生命周期的绩效管理，贫困治理中有脱贫绩效考核。PPP扶贫项目的考核需要综合两类考核体系，依据贫困地区经济社会发展及具体项目实际，建立以项目供给质量和效率提升为导向的考核指标，创新PPP扶贫项目绩效考核。应该说，每个PPP扶贫项目的考核体系与指标都不一样，我们需要遵循项目考核及扶贫考核原则，使各合作主体都可接受，保证项目顺利实施。比如，以PPP项目"利益共享，风险分担"为原则，在合作各方谈判的条件下，项目可适当分担贫困地区、贫困村、贫困群体等扶贫对象的脱贫任务，并以此为考核依据对项目进行绩效考核，进而对项目实施主体进行奖罚，以此激励合作各方承担扶贫责任，创新项目运作机制，提升贫困治理效率。另外，应建立动态考核制度，按照贫困治理的发展态势，适时调整考核方法、体系与时间，避免考核固化而影响贫困治理进程。

PPP项目的实施强调全生命周期内公共产品或服务供给质量和效率的提升，使市场在扶贫资源配置中起决定性作用、更好地发挥政府作用的改革方向，是扶贫领域供给侧结构性改革的重要方面，有利于市场机制配置资源和政府更好地发挥主导作用。政府部门需要转变贫困治理职能，在贫困治理的制度和方向上加强顶层设计，更好地发挥自身的服务协调监督功能。同时应该看到，PPP模式在我国公共产品或服务供给改革领域还处于探索阶段，相关的法律制度及实践基础还不成熟，各个领域及地区的差异性较大。正因为如此，PPP模式为相关制度规范制定留下了空间，允许并鼓励不同地区、不同领域进行创新。PPP项目的物有所值定性评价就将鼓励创新作为考核指标之一。在扶贫领域，PPP模式更要注重行业及地区的特殊性，追求合作方式及项目运作机制的不断创新，充分利用市场力量，以全面提升扶贫效率。

参考文献

1. 白丽,赵邦宏.产业化扶贫模式选择与利益联结机制研究——以河北省易县食用菌产业发展为例[J].河北学刊,2015(4):158—162.
2. 陈琴.三峡库区旅游扶贫模式研究[J].安徽农业科学,2011,39(19):11635—11637.
3. 陈友华.我国旅游扶贫模式转型升级新思路[J].资源开发与市场,2014,30(6):717—721.
4. 陈志敏,张明,司丹.中国的PPP实践:发展、模式、困境与出路[J].国际经济评论,2015(4):68—84.
5. 代正光.国内外扶贫研究现状及其对精准扶贫的启示[J].甘肃理论学刊,2016(4):143—147.
6. 邓小海,曾亮,罗明义.产业链视域下旅游扶贫问题诊断及对策研究[J].当代经济管理,2014,36(11):56—59.
7. 巩前文,穆向丽,谷树忠.扶贫产业开发新思路:打造跨区域扶贫产业区[J].农业现代化研究,2015(5):736—740.
8. 贡保草.论西部民族地区环境资源型产业扶贫模式的创建——以甘南藏族自治州为例[J].西北民族大学学报(哲学社会科学版),2010(3):109—116.
9. 何得桂.西部山区避灾扶贫移民型社区管理创新研究——基于安康的实践[J].国家行政学院学报,2014(3):97—101.
10. 胡锡茹.云南旅游扶贫的三种模式[J].经济问题探索,2003(5):109—111.
11. 黄爱军,朱奎.美国扶贫减困的主要特点及启示[J].江苏农村经济,2010(8):68—70.

12. 黄国庆. 连片特困地区旅游扶贫模式研究［J］. 求索，2013（5）：253—255.

13. 黄特军. 扶贫自愿性移民搬迁模式效果评价［J］. 统计与决策，2005（12）：35—37.

14. 吉富星. PPP 市场面临的挑战［J］. 中国金融，2017（8）：52—53.

15. 纪丽娟，裴蓓. 参与式治理视角下的产业扶贫模式创新——基于陕西 LT 县的扶贫调研［J］. 陕西行政学院学报，2015（3）：118—121.

16. 贾康，孙洁. 公私伙伴关系（PPP）的概念、起源、特征与功能［J］. 财政研究，2009（10）：2—10.

17. 康亮. 移民搬迁扶贫模式的效果评价与对策建议——以江西省为例［J］. 老区建设，2013（16）：6—8.

18. 寇永红，吕博. 财政扶贫资金绩效审计工作现状及改进措施［J］. 审计研究，2014（4）：19—22.

19. 李东伟. 北京山区自愿性移民搬迁研究［D］. 中国农业大学，2005.

20. 李国平. 基于政策实践的广东立体化旅游扶贫模式探析［J］. 旅游学刊，2004，19（5）：56—60.

21. 李佳，钟林生，成升魁. 中国旅游扶贫研究进展［J］. 中国人口·资源与环境，2009，19（3）：156—162.

22. 李小云，唐丽霞，张雪梅. 我国财政扶贫资金投入机制分析［J］. 农业经济问题，2007（10）：77—82.

23. 李小云，张雪梅，唐丽霞. 我国中央财政扶贫资金的瞄准分析［J］. 中国农业大学学报（社会科学版），2005（3）：1—6.

24. 李晓琴. 西部地区旅游景区低碳转型动力机制及驱动模式探讨［J］. 西南民族大学学报（人文社科版），2013（8）：128—131.

25. 李垚栋，张爱国. 陕北黄河沿岸土石山区扶贫移民搬迁模式研究［J］. 科学之友，2013（11）：62—63.

26. 李志勇. 欠发达地区旅游扶贫战略的双重性与模式创新［J］. 现代经济探讨，2013（2）：37—41.

27. 刘晓凯，张明. 全球视角下的 PPP：内涵、模式、实践与问题［J］. 国际经济评论，2015（4）：53—67.

28. 吕国范. 中原经济区资源产业扶贫模式研究［D］. 中国地质大学（北京），2014.

29. 欧亚PPP联络网.欧亚基础设施建设公私合作（PPP）案例分析［M］.辽宁科学技术出版社，2010.

30. 山区移民搬迁扶贫开发模式研究——以涞源县为例［D］.河北农业大学，2012.

31. 施国庆，郑瑞强.扶贫移民：一种扶贫工作新思路［J］.甘肃行政学院学报，2010（4）：68—75.

32. 舒银燕.石漠化连片特困地区农业产业扶贫模式可持续性评价指标体系的构建研究［J］.广东农业科学，2014，41（16）：206—210.

33. 随陶，郑星珂.中国PPP模式的发展脉络分析［J］.工程建设与设计，2017（21）：225—228.

34. 孙秀云，浦华.畜牧产业联动扶贫模式分析［J］.中国畜牧杂志，2014，50（22）：16—20.

35. 覃建雄，张培，陈兴.旅游产业扶贫开发模式与保障机制研究——以秦巴山区为例［J］.西南民族大学学报（人文社科版），2013，34（7）：134—138.

36. 唐祥来.公共产品供给的"第四条道路"——PPP模式研究［J］.经济经纬，2006（1）：17—20.

37. 王善平，高波.财政扶贫资金公司化运作研究［J］.财经问题研究，2012（11）：77—82.

38. 王守清，柯永建.中国的BOT/PPP实践和经验［J］.投资北京，2008（10）：82—83.

39. 王铁.规划而非开发——对旅游扶贫规划中的几个问题的探讨［J］.旅游学刊，2008，23（9）：7—8.

40. 王小琪.推进我国财政扶贫制度创新的思考［J］.理论与改革，2007（2）：60—63.

41. 王卓.中国贫困人口研究［M］.四川科学技术出版社，2004.

42. 翁标.福建造福工程农户满意度及搬迁意愿研究［D］.福建农林大学，2013.

43. 吴国起.财政扶贫资金绩效管理改革研究［D］.财政部财政科学研究所.2011.

44. 许尔忠，齐欣.金融支持产业扶贫"庆阳模式"研究［J］.西北民族大学学报（哲学社会科学版），2015（4）：109—115.

45. 叶富安.于都县实施深山区移民搬迁扶贫的特色做法及几点启示［J］.老区建设，2013（23）：29—31.

46. 张茹.晋陕两省扶贫移民村内搬迁模式研究［D］.山西师范大学，2015.

47. 张茹, 王耀麟, 张爱国, 等. 陕西省定边县扶贫移民安置模式分析 [J]. 中国人口·资源与环境, 2014, v. 24; No. 171 (s3): 315—318.

48. 赵福军, 汪海. 中国 PPP 理论与实践研究 [M]. 2015.

49. 赵阳. 公私合作模式（PPP）在中国的发展现状及面临问题分析 [J]. 时代金融, 2016（6）: 109—110.

50. 周鹏. 中国西部地区生态移民可持续发展研究 [D]. 中央民族大学, 2013.

51. E. Farquharson, Clemencia Torres de Mastle, Yescombe E R. How to Engage with the Private Sector in Public-Private Partnerships in Emerging Markets [M]. The World Bank, 2011.

52. Mustafa Alshawi. Concept and Background to Public Private Partnership (PPP)/Private Finance Initiative (PFI) UK experience. OECD, 2009

53. Yescombe E R. Public-Private Partnerships [J]. Elsevier Monographs, 2007, 13（2）: 149-161.

后　记

本书由国务院扶贫办指导，财政部政府和社会资本合作中心、北京大学政府和社会资本合作（PPP）研究中心、联合国开发计划署（UNDP）联合编写，得到了北京大学贫困地区发展研究院、湖南大学、北京方程财达咨询有限公司、北京云天新峰投资管理中心等单位的大力支持。财政部政府和社会资本合作中心焦小平主任、韩斌副主任、夏颖哲处长，北京大学 PPP 研究中心孙祁祥主任、邓冰副主任为本报告的编写原则、思路及框架提出了指导，指明了方向；北京大学贫困地区发展研究院雷明院长、傅帅雄副院长，联合国开发计划署驻华代表处经济专家郑元博士，国务院扶贫办国际扶贫中心研究处赵佳副处长、外资处王慧娴副处长，湖南大学工商管理学院陈收教授、雷辉副院长，北京云天新峰投资管理中心张继峰总经理，北京方程财达咨询有限公司张汉总经理为报告的编写提供了诸多具有建设性的专业意见；财政部政府和社会资本合作中心张戈，北京大学政府和社会资本合作（PPP）中心李博雅、朱子聃、杨涛，北京方程财达咨询有限公司张峰，湖南大学工商管理学院刘素池、李智欣组成工作组负责案例撰写。

由于时间与课题组成员精力所限，再加上信息披露与数据获取中存在的困难，书中难免还存在一些考虑不周之处，恳请广大读者进行批评指正，以便后续逐步修改完善，共同为繁荣 PPP 学术理论做出贡献。

北京大学政府和社会资本合作（PPP）研究中心课题组